Robert Prölss

Das Herzoglich Meiningen'sche Hoftheater

Seine Entwicklung, seine Bestrebungen und die Bedeutung seiner

Gastspiele

Robert Prölss

Das Herzoglich Meiningen'sche Hoftheater
Seine Entwicklung, seine Bestrebungen und die Bedeutung seiner Gastspiele

ISBN/EAN: 9783743674677

Hergestellt in Europa, USA, Kanada, Australien, Japan

Cover: Foto ©ninafisch / pixelio.de

Weitere Bücher finden Sie auf **www.hansebooks.com**

Das

Herzoglich  Meiningen'sche

Hoftheater,

seine Entwickelung, seine Bestrebungen und die
Bedeutung seiner Gastspiele.

Ein Führer durch das Repertoire der Meininger

von

Robert Prölß.

Leipzig,
Friedrich Conrad.
1887.

Dem erhabenen
Förderer und Beschützer deutscher Kunst

Seiner Hoheit

Georg

Herzog von Sachsen-Meiningen

in tiefster Ehrfurcht gewidmet

vom

Verleger.

Vorwort.

Schon im Jahre 1876 habe ich eine kleine Schrift über das Herzoglich Sachsen-Meiningen'sche Hoftheater veröffentlicht. Es geschah unmittelbar unter dem Eindruck, den das erste Gastspiel der Meininger in Dresden damals auf mich ausgeübt hatte. Die Einwürfe, welche das Darstellungsprincip dieses Theaters, sowohl hier, als an anderen Orten gefunden, die Bedenken, die man gegen dessen Anwendbarkeit auf andere Theater erhob, erschienen mir so wenig begründet, daß ich mich im Interesse der Sache bestimmt fühlte, den eigenthümlichen Werth und die Bedeutung dieses Theaters und seines Darstellungsprincips in sachlicher, vorurtheilsloser Weise zu erörtern und festzustellen und das Hinfällige jener Bedenken darzuthun. Inzwischen sind 10 Jahre verflossen. Das Herzoglich Meiningen'sche Hoftheater hat während derselben seine Bedeutung in unermüdlicher Thätigkeit durch eine Reihe glänzender, neuer, überraschender Leistungen bewährt. Auch über die Anwendbarkeit seines Kunstprincips auf andere Theater ist heute kaum noch ein Zweifel gestattet. Die heutige Beurtheilung desselben fordert daher zu einem wesentlich anderen Standpunkte wie damals auf, ihr Gegenstand ist inzwischen ein noch ungleich reicherer, vielseitigerer, die Zeit und die Theaterverhältnisse sind vielfach veränderte geworden. Gleichwohl ist die vorliegende Schrift nicht aus eignem Antrieb von mir unternommen, vielmehr bin ich dazu von dem Herrn Verleger derselben veranlaßt worden, welcher zu dem in seinem Verlage erscheinenden „Repertoire des Herzoglich

Sachsen-Meiningen'schen Hoftheaters"*) eine Schrift von mir wünschte, welche mit einem geschichtlichen Ueberblick der Gastspiele und der Repertoireentwicklung dieses Theaters zugleich in den Geist beider einführen und über die Bedeutung derselben Aufklärung geben sollte. Obschon also der Zweck der vorliegenden Schrift ein wesentlich anderer ist, als der der früheren, und sie einen wesentlich anderen Inhalt, als diese hat, so liegt es doch in der Natur der Sache, daß in dem einleitenden Theile Manches wieder berührt werden mußte, was schon dort zur Aussprache kam. Inzwischen wird man auch hier das Meiste in einer neuen Beleuchtung und Vieles weiter entwickelt finden. Was die statistischen Angaben betrifft, welche dem Leser hier vorgelegt werden, so sind sie theils der chronologisch-statistischen Uebersicht, die der Regisseur Herr Paul Richard über die Gastspiele des Herzoglich Meiningen'schen Hoftheaters (Dresden, 1884) veröffentlicht hat, einzelne auch dem Almanach der Bühnen-Genossenschaftsangehörigen, theils den freundlichen Mittheilungen des Herrn Hofrath Ludwig Chronegk und des Herzoglichen Hofschauspielers Herrn Karl Weiser entnommen, welchen ich hierdurch auch öffentlich meinen herzlichsten Dank dafür ausspreche.

Dresden, im Februar 1887.

Robert Prölß.

---

*) Das in gleichem Verlage erscheinende „Repertoire des Herzoglich Sachsen-Meiningen'schen Hoftheaters" umfaßt bis jetzt 30 Textbücher und enthält fast sämmtliche von den Meiningern zur Aufführung gebrachte Dramen in der officiellen Bearbeitung nach dem Scenarium des Hoftheaters. Das Verzeichniß derselben befindet sich auf der 4. Seite des Umschlags.

Vom Zustande des deutschen Theaters vor und bei Beginn der Gastspiele der Meininger.

Von allen künstlerischen Darstellungen sind die des Theaters die zusammengesetztesten. Nicht nur die Künste der unmittelbar auf der Bühne erscheinenden Darsteller, die Schauspiel=, Gesang= und Tanzkunst, sondern auch fast alle übrigen Künste sind bald mehr, bald minder an ihnen betheiligt. Die alte griechische Bühne hielt dieses Zusammenwirken sogar für ein wesentliches Erforderniß einer vollkommenen dramatischen Darstellung. Die decorationslose altspanische und altenglische Bühne sah dagegen von einem Theil dieser Mitwirkung ab. Nichtsdestoweniger zeigte ihr Drama, wennschon nicht ihre Schauspielkunst, einen dem Malerischen zuneigenden Charakter, während der Charakter des altgriechischen und römischen Dramas, trotz einer ausgebildeten Decorationskunst, überwiegend einen plastischen Charakter hatte. Es ist dies sogar einer der hervortretendsten Gegensätze, in welchem das antike Drama zum Drama der neueren Völker, besonders zum romantischen Drama steht. Das Shakespeare'sche Drama ist schon völlig romantisch, zugleich auch ganz malerisch. Gleichwohl werden wir uns damals die scenische Darstellungskunst noch weit entfernt von den malerischen Wirkungen der heutigen Bühne zu denken haben. Die Bühne konnte erst malerisch werden mit Ausbildung der decorativen Mittel; selbst dann bedurfte es noch eines besonderen Anstoßes dazu. Dies lag zum Theil in dem Entwicklungsgange der Malerei, welche lange unter dem Einfluß der kirchlich=scholastischen Symbolik, dann aber unter dem der antiken Plastik gestanden hatte. Die Entwicklung der neuen Bühnendecoration fiel noch überdies mit der Entdeckung der Gesetze der Perspektive zusammen, was ihr lange Zeit einen überwiegend architektonischen Charakter gab. Der Anstoß zum Malerischen ist der Schauspielkunst erst im vorigen

Jahrhundert, seltsamer Weise von einer Seite gekommen, die dem Romantischen völlig entgegengesetzt schien und die man bald als realistisch, bald als naturalistisch zu bezeichnen pflegt. Der Realismus und der Naturalismus, welche im vorigen Jahrhundert den alten in Conventionalismus befangenen Idealismus im Drama und auf der Bühne bekämpften, gingen von den Engländern und Franzosen aus. Der Sieg würde ihnen nicht so leicht geworden sein, wenn dieser Idealismus sich nicht selbst überlebt gehabt hätte. Das idealistische Drama der Franzosen, schon immer höfisch und conventionell, hatte sich allmählich der Natur ebenso entfremdet, wie das gesellschaftliche Leben der höheren Stände. Der Ruf Rousseau's nach Rückkehr zur Natur fand daher ein tausendstimmiges Echo. Mit dieser Rückkehr wurde die Kunst aber nicht nur wieder wahrer, sondern auch malerischer. Von diesem Grunde aus wuchs dann eine neue Romantik empor.

Wenn der Realismus schon in Frankreich einen so raschen Sieg über den Idealismus errang, wo dieser doch durch die Originalwerke früherer wahrhaft großer Dichter und durch das Interesse einer so einflußreichen Körperschaft, wie die Académie, geschützt und vertreten wurde, wie hätten da wohl die schwächlichen Nachahmungen, die er in England hervorgerufen oder gar die geschmacklos gespreizten, welche die Gottsched'sche Bühnenreform in Deutschland auf den Kothurn gehoben hatte, dagegen Stand leisten können. Der Sieg, welchen damals der Realismus oder Naturalismus über den Idealismus oder vielmehr den Conventionalismus der Zeit erfocht, war überall nicht nur eine Nothwendigkeit, sondern auch eine Wohlthat. Nirgends ist dies aber glänzender in die Erscheinung getreten, als grade in Deutschland. Es war, als ob die Nation zu einer neuen Jugend erwacht und die nationale poetische Eigenthümlichkeit nach jahrhundertelangem Schlaf wieder zu sich selber gekommen wäre. Zum Staunen der Welt traten damals im Kampfe für sie die großen, geistigen Helden, die gewaltigen Dichtergenies hervor, die uns neue Ideale des Lebens gegeben haben. Denn derselbe Goethe, der im Sturme und Drange der Jugend die Nation zur Natur und zur Wahrheit und zu sich selbst zurückgeführt hatte, war auch wieder der erste, der zu Maß und Gesetz, zur classischen Ruhe und Schönheit aufforderte. Doch würde er die Nation schwerlich mit seiner Iphigenie und seinem Tasso hierzu bekehrt haben, wenn er sie nicht vorher mit seinem Goetz, seinem Egmont und Faust völlig gewonnen und mit sich fortgerissen hätte. Um wie viel weniger könnte ihm dies mit seinen späteren dramatischen Dichtungen oder mit der neuen idealistischen Schule gelungen sein, welche er in der Schauspielkunst der realistischen Schröber'schen entgegengesetzt hat. Ohne allen Erfolg blieb letztere trotz eines zu großen Zurückgreifens auf den Conventionalismus der alten, durch den Realismus verdrängten idealistischen, französischen Schule aber doch nicht. Beide hielten einander vielmehr lange die Waage, so zwar, daß einzelne Theater hier die Schröber'sche, dort die neue Goethe'sche Richtung bevorzugten, andere aber auf eine Durchdringung beider Darstellungsarten hinarbeiteten, was freilich meist nur zu einer stillosen Vermengung oder, durch gegenseitiges Abschleifen, zur Verflachung führte.

Inzwischen hatte sich auf dem Gebiete der Malerei ebenfalls eine neue idealistische Darstellungsweise ausgebildet, welche von Frankreich ihren Ausgang genommen hatte, wo man schon unter Ludwig XVI. römische republikanische Stoffe mit Vorliebe wählte und in antiker Weise zu behandeln versuchte. In Teutschland knüpften dagegen etwas später die idealistischen Maler an die älteren deutschen und florentinischen Malerschulen, dann aber an die großen Meister der italienischen Renaissance-Blüthezeit an. Es war selbst wieder eine Art Renaissance dieser letzteren, welche durch ein Genie, wie Cornelius, einen so viel verheißenden Aufschwung nahm. Zweierlei war es, was diesem gleichwohl einen ebenso raschen Niedergang bereitete: Die Abneigung gegen die Farbe, worin diese Richtung nichts als das Material des ihr verhaßten Realismus erblickte, und das Streben, Ideale und Formen einer längst vergangenen Zeit wieder lebendig zu machen.

Die Klage, die wir seit lange schon hören, daß es unserer Zeit an Idealen und Idealität fehle, bedarf daher einer Berichtigung. Die Idealisten von heute übersehen meist, daß es ihren Idealen nicht selten an Kraft gebricht, daß diese, wenn sie überhaupt wirklich Ideale irgend einer Zeit gewesen sind, doch nicht Ideale unserer Zeit sein können, weil jede Zeit ihre besonderen Ideale hat. Auch unsere Zeit hat sie, wie sehr sie auch vielfach von dem immer stärker gewordenen Kampfe ums Dasein, vom Lärm der Betriebsamkeit, von der Jagd nach

Gewinn und Genuß verdeckt werden. Auch der Realismus hat seine Ideale — die Natur und die Wahrheit! Wenn die frühere Kunst die Wahrheit im Schönen gesucht, so sucht die heutige das Schöne im Wahren. Freilich nicht immer! Der Realismus in der heutigen Schauspielkunst hat aber nicht nur die Richtung auf die Natur und die Wahrheit, sondern auch auf das Malerische genommen. Dies lag bei der Bedeutung, welche die Malerei in unsrer Zeit unter dem Einfluß des Realismus erlangte, nahe genug, da ja die Schauspielkunst selbst eine auf das Auge gerichtete Seite hat. Sie ist die einzige Kunst, die sich zugleich an beide geistige Sinne wendet. Die decorationslose Bühne konnte daher wohl von einem Theil, doch keineswegs von allen der auf das Auge gerichteten Wirkungen absehen. Schon hieraus ergiebt sich, daß die Wirkungen auf die beiden, zwar so verschiedenen geistigen Sinne einander nicht nothwendig ausschließen, vielmehr können sie auch einander ergänzen, verstärken und verdeutlichen. Die Grenze für die Anwendung des Malerischen in der Schauspielkunst ist hierdurch gegeben. Zweck dieser letzteren ist immer die sinnliche Veranschaulichung der in der Dichtung dargebotenen Handlung. Nur so weit das Malerische dieser dient, ist es zulässig, zugleich aber auch, wenn nicht gefordert, so doch sehr werthvoll. Jeder wahrhaft dramatische Dichter schreibt mit malerischer Phantasie. Er will den Hörer ja nicht nur in den inneren Zustand der handelnden Personen, sondern auch, so viel es ihm möglich ist, in den äußeren führen. Hierin hat ihn nun grade die Bühnenkunst zu ergänzen, eine Ergänzung, die dann immer auf das Auge gerichtet ist. Darüber hinaus gehen darf sie jedoch nicht. Malerische Wirkungen, welche den Zweck, die dichterische Handlung in charakteristischer Weise zu veranschaulichen, überschreiten, ja demselben wohl gar widersprechen, werden stets als etwas Unstatthaftes, weil Störendes, Ablenkendes, Zerstreuendes empfunden werden.

Die Schauspielkunst, sowie die theatralische Kunst überhaupt, gehört zu den nachahmenden Künsten. Die Naturwahrheit, die Gesetze des wirklichen Lebens müssen ihren Darstellungen daher immer zu Grunde liegen. Soweit sind der Naturalismus und der Realismus im Recht. Die künstlerische Wahrheit und die Gesetze der künstlerischen Schönheit fallen aber nicht schlechthin zusammen. Die künstlerische Nachahmung soll keine bloße Wiederholung der Wirklichkeit sein. Sie soll überhaupt nicht in Wirklichkeit sein, was sie darstellt, schon weil sie dies niemals sein kann. Als bloßer Schein der Wirklichkeit, wie täuschend derselbe auch wäre, würde sie ja tief unter letzterer stehen. Daher ist Erfindung ein wesentliches Merkmal alles künstlerischen Schaffens, das niemals vergessen lassen darf, daß wir nur Zuschauer und Zuhörer von etwas sind, was reine Anschauung und außer dieser in Wirklichkeit nichts ist. Es ist eine andere Welt, in die uns der nachahmende Künstler einen Einblick vermittelt, obschon sie ein Abbild der wirklichen ist. Dies gilt für das Schauspiel nicht weniger, als für die übrigen nachahmenden Künste, obschon das Material, mit welchem der Schauspieler darstellt, seine eigne lebendige Persönlichkeit, wirklicher ist, als das ihre. Und doch soll diese seine Persönlichkeit sich zu seiner Darstellung kaum anders verhalten, als der Thon oder Stein des Bildhauers. Sie soll im strengsten Sinne des Worts hinter der Persönlichkeit, welche er durch sie darstellt, verschwinden. Die meisten Schauspieler aber spielen nur sich und man ist schon zufrieden, falls sie sich, wenn auch nicht in den darzustellenden Charakter, so doch ganz in dessen Lage und Zustand zu versetzen im Stande sind.

Schon Diderot drang auf eine größere Freiheit der Bewegung und eine malerischere Behandlung des Spiels im Interesse der Wahrheit. Beaumarchais und Mercier folgten ihm hierin nach. Von dem während der Revolution und des Kaiserreichs auftretenden neuen Idealismus wurde diese Richtung zwar auf die Seite gedrängt, aber sie entwickelte sich im melodramatischen Volksstücke weiter fort, freilich in einer meist unkünstlerischen Weise. Die französischen Romantiker waren es, welche sie wieder auf eine poetische Höhe zu heben suchten. Victor Hugo, der zu den malerischesten der dramatischen Dichter zählt, erhob es gewissermaßen zum Gesetz, daß fortan nur jeder Akt eines Dramas die Einheit des Orts, b. i. der Scene zu wahren habe, zugleich aber ein von dem der übrigen Akte wirkungsvoll contrastirendes Colorit, seine eigne verschiedene Scene und Stimmung zeigen müsse. Dies gab der Decorationskunst einen ganz neuen Aufschwung, der noch gesteigert wurde, als mit der Revolution von 1848 die neue naturalistische Schule hervortrat, die mit ihrem intimen Drama, ihren Sittenstücken und Plaudereien die geschlossenen Zimmerdecorationen und gebrochenen landschaftlichen Hintergründe 2c. in Aufnahme brachte. Bei der Abhängigkeit, in welcher, troß des Aufschwungs, den das deutsche Drama in der zweiten Hälfte des vorigen Jahrhunderts genommen hatte, das deutsche Theater, besonders im Lustspiel, im Conversationsstück und zum Theil selbst in der Oper, von dem französischen Theater geblieben war, gewannen alle diese Veränderungen sehr bald auf dasselbe Einfluß. Nur kam hier die neue Decorationskunst zunächst fast nur der Oper, dem Ballet und gewissen Ausstattungsstücken zu Gute. Der Bau einiger neuer glänzender Theater hatte aber doch noch vor Mitte dieses Jahrhunderts die Anwendung derselben auf einzelne unsrer bedeutenderen Dramen zur Folge, wogegen die Einwirkungen der vorerwähnten neuen naturalistischen Schule von Versuchen begleitet waren, die geschlossene Zimmerdecoration mit ihren complicirten Ausstattungen auch in das Lustspiel, das Conversations- und das Sittenstück einzuführen. Immer noch blieb die Anwendung derselben, ebenso wie die der gebrochenen landschaftlichen Hintergründe, auf solche Stücke beschränkt, welche keine Verwandlung im Akte bedingten, woraus sich ergiebt, daß das große historische Drama in Bezug auf scenische Ausstattung meist hinter den leichteren Gattungen zurückbleiben mußte.

Es war für die Entwicklung der neuen naturalistischen Schule in Drama und Schauspielkunst verhängnißvoll, daß sie mit der revolutionären Bewegung der Zeit und dem unter dem zweiten französischen Kaiserreiche zur üppigsten Blüthe gediehenen Speculationsgeiste und der Genußsucht aufs engste zusammenhing. Wie alle Zustände und Verhältnisse des öffentlichen Lebens glaubten die Leiter der damaligen revolutionären Bewegung auch die der Bühne einer besseren Umgestaltung zuführen zu sollen. Man erblickte den Grund all ihrer Uebelstände in den Beschränkungen, denen sie unterworfen war und in dem Mißbrauche, welchen nach ihrer Meinung die Hoftheater von ihren Sonderrechten gemacht hatten. Die Verwandlung der Hoftheater in Staatsanstalten und die Aufhebung der Theaterprivilegien erschien daher als die nächste Forderung. Die Hoftheater unterlagen diesem Andrang zwar nicht; wohl aber wurde die Erklärung der Theaterfreiheit durchgesetzt, welche dann freilich zum Schutze gegen allzu gröblichen Mißbrauch wieder an gewisse einschränkende Bedingungen gebunden wurde.

Bis hierher habe ich nur die künstlerische Seite des Theaters ins Auge gefaßt. Das Theater ist aber nicht bloß eine künstlerische, es ist auch eine geschäftliche Unternehmung. Als solche setzt sie nicht nur mit der Zeit immer größer gewordene finanzielle Mittel, sondern auch ein immer zahlreicher gewordenes Verwaltungs- und technisches Hilfspersonal voraus. Wenn auch die Kunst der vornehmste Zweck des Theaters bleibt, so kann er doch nur erreicht werden bei einer umsichtigen und gewinntragenden Verwaltung. Das Theater muß doch vor Allem bestehen und leben, um wirken zu können. Beide Zwecke so mit einander zu verbinden, daß beide erreicht werden, ohne den höheren dem niederen unterzuordnen oder zu opfern, sollte die Aufgabe jeder künstlerischen Bühnenleitung sein. Schon immer neigten aber einzelne Bühnendirectoren der Umkehrung dieses Verhältnisses zu und es war grade ein Vorzug der Hoftheater gewesen, daß sie davor mehr geschützt erschienen.

Die Theaterfreiheit, verbunden mit dem veränderten Geiste der Zeit, mit dem durch das zweite Kaiserreich entfesselten Speculationsgeist, der die Genußsucht, den Hang zum Luxus und zur Verschwendung in seinem Gefolge hatte, mußte hierauf den bedenklichsten Einfluß ausüben. Das Theater wurde von jenem Geiste ergriffen. Mit einmal tauchten von allen Seiten neue theatralische Unternehmungen auf, die in dem wechselseitigen Wettkampf um so mehr nach allen gewinnversprechenden Mitteln griffen, als der künstlerische Zweck meist nur der Vorwand derselben war, die vorhandenen künstlerischen Darstellungsmittel zu allseitiger Befriedigung nicht ausreichten und das Publikum, sowie dessen Verhältniß zum Theater ebenfalls große Veränderungen erfuhr. Der Drang nach Erwerb hatte einen ungeheuren Glückswechsel bedingt, welcher eine Menge Leute aus untergeordneten Lebenslagen an die Oberfläche des gesellschaftlichen Lebens getrieben hatte, die, so tüchtig sie im Uebrigen sein mochten, doch oft ohne die nöthige Bildung waren, um ein wahrhaft künstlerisches Bedürfniß hegen zu können und daher nur auf die Befriedigung des Triebs nach Genuß und Zerstreuung und des Hangs zur Verschwendung drangen, die der speculative Theaterunternehmer um so mehr zu befriedigen trachtete, als der beste Theil des früheren wohlhabenden Mittelstandes, der bei entsprechender Bildung meist einen wirklich künstlerischen Genuß im Theater gesucht und gefunden hatte, demselben mehr und mehr entzogen und entfremdet wurde. Denn die Entstehung ganz neuer ungeahnter Werthe hatte die Entwerthung des Geldes und hierdurch die Verarmung eines großen Theils des Mittelstandes zur Folge gehabt, der seinen Platz den neuen Emporkömmlingen räumen und mit seinen Ansprüchen gegen die ihren zurücktreten mußte. Beides um so mehr, als diese und andere Verhältnisse gleichzeitig in den meisten Theatern, trotz der Concurrenz, ein Steigen der Eintrittspreise bewirkt hatten. Denn diese Concurrenz hatte grade zur Folge, daß die Theater einander in der Gewinnung der anziehendsten Mittel überboten, was die ohnehin durch die Entwerthung des Geldes und die Tantieme der Theaterdichter und Componisten theurer gewordene Verwaltung immer kostspieliger machte. Dichter und Componisten beeilten sich durch neue, auf das neue Bedürfniß berechnete dramatische Formen diese Mittel zu bieten. Es entstand die schlüpfrige Operette, die frivole Burleske, das die Verirrungen und Laster der Zeit in anziehend aufregender Weise schildernde Sittenstück, das Sensations- und das Ehebruchsdrama. Die Decorationsmalerei, die Maschinerie, das Beleuchtungswesen der Bühne nahmen, um immer neue Anziehungsmittel für eine erregungslustige und -bedürftige Menge herbeizuschaffen, einen überraschenden Aufschwung. Obschon die neuen dramatischen Gattungen und das gesteigerte Bedürfniß der Bühne eine nicht unbedeutende Anzahl neuer Talente ins Leben rief, so entsprach diese doch durchaus nicht der Größe dieses Bedürfnisses. Die Theater suchten daher einander die Talente streitig zu machen, was zu einer maßlosen Steigerung der Gagen- und Talentansprüche führte. Die gefällige Erscheinung, das anziehende Benehmen, die Künste der Toilette und Koketterie traten mit gleichem Erfolge zum Ersatz für das fehlende Talent ein, wie die Reclame zum Ersatz für das nicht minder fehlende Kunsturtheil. Es wendeten sich eine Menge jüngerer Leute, nicht aus Beruf, sondern aus Speculation, dem Schauspielerstande zu. Besonders junge hübsche Mädchen suchten jetzt mehr und mehr hier ihr Glück durch die öffentliche Ausstellung ihrer Schönheit und ihrer Reize zu machen. Große Talente hielten es trotz der hohen Gagen, der langen Urlaube, der Spielhonorare, der Rollenmonopole für vortheilhafter, sich ganz von einem festen Verbande loszulösen und mit ein paar Dutzend Paraderollen die Welt zu durchreisen. Auf der andren Seite sah man in großen Städten Bühnen entstehen, welche je nach dem Erfolg Monate, ja selbst Jahre lang nur ein und dasselbe Stück gaben. Das Abspielen der Novitäten kam hierdurch bei sehr vielen Theatern in Aufnahme. Natürlich wurden diejenigen Stücke am meisten begünstigt, die auf den Geschmack der großen Menge berechnet waren. Theater, welche diese Praxis verfolgten, konnten unmöglich ein festes Theaterpublikum haben. Sie hatten vielmehr jeden Tag ein fast völlig andres. Erst wieder ein neues Stück vermochte eine neue Anziehung auszuüben. Die Meisten warteten erst den Erfolg ab, der deswegen mit allen künstlichen Mitteln der Claque und Reclame erstrebt wurde.

Es läßt sich begreifen, daß dies alles auf die Entwicklung der Schauspielkunst sehr nachtheilig einwirkte. Besonders litt das Ensemble darunter, namentlich in den von dem Zeitgeschmack vernachlässigten Gattungen, vor allem der Tragödie. Man hatte verlernt in dieser Erhebung und in ihren Erschütterungen eine mit Vergnügen gemischte Läuterung zu suchen und zu finden. Die neue naturalistische Schauspielerschule, welche selbst ein Product des neuen Zeitgeistes war, warf sich mit Vorliebe auf die diesem Geiste entsprungenen neuen Gattungen des Dramas und auf das ihm verwandtere und zusagendere Lustspiel. Auch traf sie die alte Schauspielkunst in einem ziemlich verworrenen Zustande. Der Goethe'sche Idealismus hatte den alten Realismus wohl zur Seite gedrängt und beeinflußt, aber nicht ganz zu beseitigen vermocht. Das Lustspiel und das bürgerliche Drama wurden noch immer überwiegend im realistischen Sinne gespielt. Und wenn es hier einzelne, besonders die jüngern Fächer gab, welche idealistisch behandelt wurden, so gab es auch in der Tragödie wieder einige, in denen sich der Realismus zu behaupten verstand. Hier und dort zeigten sich zwar einzelne große Talente, aber sie waren um so dünner über Deutschland verstreut, als die Zahl der Theater eine um soviel größere geworden war. Im Ganzen war der Realismus der damaligen Zeit fast ebenso weit von dem Realismus der Schröder'schen Zeit, wie von dem Naturalismus der neuen Schule entfernt, auch erschien er im Allgemeinen fast ebenso verblaßt, wie es der Goethe'sche Idealismus geworden war. Denn auch der Realismus und der Naturalismus sind auf der Bühne der Gefahr ausgesetzt, conventionell zu werden, was sich aus der Abhängigkeit der Schauspielkunst von der Bühnenüberlieferung erklärt. Der Schauspieler verlangt vor allem nach Wirkung und zwar nach augenblicklicher Wirkung. Selbst wenn er die Natur und das Leben zu Rathe zieht, wird er den Blick nicht von der Bühne abwenden, sondern die Wirkungen derselben studiren. Da sieht er denn bald, daß diese Wirkungen von denen der Natur und des unmittelbaren Lebens oft genug abweichen, wodurch er in Versuchung geräth, jenen mehr, als diesen zu vertrauen und die Natur und das Leben nicht unmittelbar, sondern auf der Bühne zu suchen. Der Realist wird seinem Principe schon treu zu bleiben streben, wenn er sich nur an das Vorbild der großen realistischen Darsteller hält, die idealistischen und ihre Wirkungen aber geringschätzt oder verachtet. Der idealistische Darsteller wird um so mehr im umgekehrten Sinne verfahren, weil er sich ja grundsätzlich über die Natur erhaben glaubt.

Die Verflachung, in welche damals die alte Schauspielkunst theils hierdurch gerathen war, theils zu gerathen drohte, trat auf keinem Gebiete in so auffälliger Weise hervor, als auf dem des ernsten idealistischen Dramas, besonders der Tragödie. So leicht dies dem neuen Naturalismus es machte, sie auf dem Gebiete des Lustspiels zu verdrängen, so wenig gelang es ihm hier, obschon einzelne seiner bedeutendsten und genialsten Vertreter gerade hier ihre größten Triumphe feierten. Dies aber waren nur Ausnahmen. Noch lange war hier die Bühnentradition mächtiger als diese neue Richtung, zumal die immer mehr abnehmende Theilnahme des Publikums an der Tragödie die Nachfolger abschreckte. Man hatte zwar durch Einführung des Zwischenvorhangs das hauptsächlichste Hinderniß beseitigt, welches, wegen der Verwandlung bei offner Scene, die Anwendung der durch die neue Decorationskunst dargebotenen Anziehungsmittel in den meisten unserer großen Tragödien bisher gehindert hatte. Allein man überzeugte sich bald, daß mit der reicheren scenischen Ausstattung einzelner dieser Stücke die Abneigung des Publikums gegen die Tragödie ebenso wenig auf die Dauer zu überwinden war, als durch die Besetzung einzelner Rollen darin durch geniale Vertreter der neuen epochemachenden Richtung. Wie diese die Leblosigkeit der übrigen Darstellung nur noch fühlbarer machten, so unterbrach dort der Zwischenvorhang die erregte Spannung und den Fortschritt der Handlung oft in der empfindlichsten Weise.

Mitten aus diesem wirren, widerspruchsvollen Zustand traten aber schon früh die Keime und Ansätze zu einer das Wesen der dramatischen Kunst wieder fester ins Auge fassenden Bühnenreform.

Die Bühnenreform und das Herzoglich Meiningen'sche Hoftheater.

Je zusammengesetzter das Theaterwesen allmählig geworden war, je verschiedener und mannigfaltiger die Zweige sind, die ein Theaterunternehmen umfaßt, um so mehr ist eine einheitliche Leitung desselben geboten, da all diese Bestandtheile, all diese Zweige nur einem Zwecke zu dienen haben, welcher in jedem Falle die künstlerische Darstellung eines dramatischen Kunstwerks ist. Der Darsteller ist immer nur für seine einzelne Leistung, die Bühnenleitung für das Ganze, für den Geist und die Harmonie einer jeden einzelnen Vorstellung, wie für die Entwicklung des ganzen Repertoires des Theaters verantwortlich. Daher die Ursache der angeblichen Mißstände, des angeblichen Verfalls der Bühne von den sich aufwerfenden Reformatoren derselben fast immer in der Bühnenleitung gesucht worden ist. Der Gedanke einer Reform der Bühne hatte unter dem Einfluß der revolutionären Bewegung aber so an Stärke gewonnen, daß im Jahre 1848 nur allein in Dresden drei verschiedene hierauf gerichtete, von Ed. Devrient, Karl Gutzkow und Richard Wagner eingesandte Vorschläge und Entwürfe hervortraten.

Heinrich Laube aber war der erste, welcher Gelegenheit zu einem praktischen Reform-Versuch fand, indem ihm am 1. Januar 1850 die artistische Leitung des Wiener Burgtheaters übertragen wurde. Seine Stellung war zwar nicht eine so selbstständige, als die, welche Ed. Devrient später in Karlsruhe erlangte, allein er verfügte dafür über weit reichere Mittel und hatte den Vortheil, daß der langjährige Ruf, welchen das Burgtheater genoß, die schauspielerischen Talente aufs Mächtigste anzog und ihm dieselben gewissermaßen in die Hände spielte.

Laube war ein entschiedener Gegner der immer conventioneller gewordenen idealistischen Weimar'schen Schauspielerschule, aber ein warmer Anhänger der Dichtungen Göthe's und Schiller's, welcher letztere ihm für das historische Drama Vorbild war und blieb. In seinem Repertoire strebte er nach der größten Vielseitigkeit; seine Bühne sollte alles zur Anschauung bringen, „was seit einem Jahrhundert Classisches oder doch Lebensvolles geschaffen worden war." Obschon ein Anhänger der neuen naturalistischen Richtung der Schauspielkunst, war er ein Gegner reicher, glänzender Ausstattung, daher er die malerische Seite der Darstellung eher vernachlässigt hat. Dagegen hat er im bürgerlichen und gesellschaftlichen Drama, sowie im Lustspiel den rednerischen Vortrag zu beleben und ein charakteristisches Zusammenspiel zu fördern verstanden. Weniger gelang ihm dies aber im Versdrama. Er fühlte, daß man sich hier über die Wahrheit des wirklichen Lebens zu erheben habe, fand aber nicht den entsprechenden Ausdruck dafür.

Phantasievoller als Laube und als später Eduard Devrient, ergriff Franz Dingelstedt als Leiter des Münchener Hoftheaters die Aufgabe, diesem einen neuen Aufschwung zu geben und das Muster einer wahrhaft künstlerischen Bühnenführung aufzustellen. Allein er besaß hierzu nicht die nöthige Stetigkeit der Hingabe jener beiden Andren. Er interessirte sich nur für die einzelne bedeutende Leistung, mit welcher zu glänzen war, und behandelte das Uebrige vornehm von oben herab. In der Kunst aber giebt es nichts Kleines.

Ernster als Dingelstedt, vielleicht selbst als Laube, faßte Eduard Devrient seine Aufgabe als Leiter des Karlsruher Theaters auf, dem er von 1852—1870 vorstand. Wenn er gleichwohl nicht eine größere und nachhaltigere Wirkung ausgeübt hat, so liegt dies weniger darin, daß das Karlsruher Theater ihm nicht die genügende Gelegenheit dazu bot, als daß er im Grunde doch eine zu phantasielose, doctrinäre Natur war, und seine künstlerische Einsicht und Bedeutung überschätzte. Nichts würde wohlthätiger gewesen sein, als das Beispiel, mit zwar guten, aber doch nur mittleren Kräften etwas Bedeutendes zu leisten. Daß er dies aber als den einzigen Weg das Mustergültige zu erreichen bezeichnete, daß er die Genialität grundsätzlich von der Schauspielkunst ausschloß, ist nicht nur für den Mann charakterisirend, sondern es ist auch von höchst nachtheiliger Wirkung geworden, da es nicht an Bühnenleitungen gefehlt hat, die es sich gesagt sein ließen, daß wenn man mit der gefügigen Mittelmäßigkeit auch nicht das beste Ensemble herstellen könnte, die Herstellung eines solchen durch sie doch am leichtesten sei.

Andrerseits haben alle diese drei Directionen dadurch nur wohlthätig auf die weitere Entwicklung des Theaters einwirken können, daß sie das Hauptgewicht auf die Herstellung eines guten schauspielerischen Ensembles und auf die Hebung und vielseitige Entwicklung des Repertoires legten. Nicht minder wichtig aber war es, daß sie, besonders Laube und Debrient, durch ihr

Beispiel den Beweis lieferten, wie es nicht genüge, ein Kunst=
institut, wie das Theater, vom Bureau und von der Inten=
dantenloge aus zu leiten, sondern daß der Leiter einer Bühne auch
auf die Bühne und in die Proben gehöre; wie es nicht genüge,
Schauspieler anzustellen, zu bezahlen, zu bestrafen und zu ent=
lassen, sondern daß man auch ihre Talente richtig zu erkennen,
zu verwenden und sie weiter zu entwickeln verstehen müsse.

Von noch eingreifenderer Bedeutung stellt sich jedoch die
von <u>Richard Wagner</u> inzwischen geplante und in einem be=
stimmten Umfange später von ihm auch zur Ausführung ge=
brachte Bühnenreform dar. Sie bezog sich zwar zunächst nur
auf die Oper, der er jedoch eine größere, die Bühnenkunst gradezu
beherrschende Stellung und Bedeutung zu geben beabsichtigte.
Obschon er einräumte, daß die Oper nur einen beschränkten
Darstellungskreis habe, da, weil die Musik nur Gefühlssprache
sei, sie den historischen Stoff als solchen von sich ausschließe,
betrachtete er sie oder das, was sie werden sollte, das musika=
lische Drama, doch als das einzig wahre, als das einzig voll=
kommene Drama der Zukunft. Diese Vollkommenheit sollte aber
wesentlich darin liegen, daß in ihm die Künste, welche sich lange
Zeit auf gesonderten Wegen einzeln entwickelt hatten, wieder, wie
ursprünglich in der griechischen Blüthezeit, zu gemeinsamem Wirken
vereinigten. Auch die jetzige Oper gebe zwar vor eine solche
Vereinigung darzubieten, im Grunde aber liefen die einzelnen
Künste darin meist unverbunden, ja disharmonirend neben ein=
ander her. Statt in übereinstimmender Weise, eine jede nach
Maßgabe ihrer besondren Eigenthümlichkeit, der Handlung zu
dienen, böte diese meist nur den geistlosen, unwürdigen Vor=
wand ihres Neben= und Miteinanderwirkens zu Gunsten eines
rein musikalischen Zwecks dar, der oft nur ungenügend er=
reicht werde. Sei doch der Sänger nur selten ein wahrhaft
dramatischer Sänger, noch seltner ein guter Schauspieler; erfülle
die Musik der Instrumente doch nur höchst selten ihren wahren
Zweck dem Gesange gegenüber.

Das Verlangen nach dem harmonischen Zusammenwirken
von Dichtung, Musik, Gesang, Schauspielkunst und Malerei zum
Zwecke der Darstellung einer wahrhaft bedeutenden oder sinn=
vollen Handlung war keineswegs neu. Schon Rousseau und
nach ihm Gluck hatten dasselbe gefordert, nur daß besonders
ersterer der Instrumentalmusik keine so bedeutende Stellung wie

Wagner zuerkannt wissen wollte. Soweit erhielt letzterer schon 1865 Gelegenheit, seine reformatorische Idee im Münchner Hoftheater zu verwirklichen. Allein dies genügte ihm nicht. Ihm war das ganze moderne Theaterwesen mit seinem der Unterhaltungslust dienenden täglichen Repertoire eine Verirrung, wenn nicht ein Greuel. Er verlangte für die dramatischen Spiele nicht nur einen weihevollen Inhalt und eine weihevolle Form, sondern auch für ihren Genuß eine weihevolle Stimmung. Er wollte die dramatischen Darstellungen auf nationale Weihefestspiele eingeschränkt sehen, welche an einem dem Lärm und Treiben der Zeit entfernt liegenden ruhigen Ort in weihevoller Weise zur Aufführung gelangen sollten und sah bereits im Geiste die Nation in feierlicher Stimmung von allen Seiten herbeiströmen. Auch glaubte er sich, wenn nicht einzig, so doch vor allen Andren berufen, der Hohepriester dieser nationalen Feier zu sein, indem er in dem weltstillen und weltentlegenen Bayreuth ein eigenes Theater für diesen Zweck errichtete und die Nation zu der von ihm hier vorbereiteten Darstellung eines eigens dazu von ihm geschriebenen Werkes einlud. Nie ist von einem Künstler ein größerer Anspruch erhoben, nie ist demselben in überraschenderer Weise entsprochen worden. Was hier von Wagner geleistet wurde, ist sicher bewundernswerth, auch hat es einen bedeutenden Einfluß auf die andern Theater ausgeübt, ist aber bis jetzt fast nur seiner eignen Oper zu Gute gekommen.

Früher noch als Wagner die Vorstellungen in seinem Theater in Bayreuth eröffnet hatte, trat der Herzog Georg von Meiningen mit seiner Bühnenreform und den Mustervorstellungen seines Theaters hervor. Im Jahre 1866 an die Regierung gekommen, hat er rasch erkannt, daß es eine der schönsten Aufgaben des fürstlichen Berufs ist, neben der Förderung der öffentlichen Interessen des Landes, die künstlerischen Bestrebungen der Zeit zu unterstützen und zu leiten. Besondre Neigung und Fähigkeit bestimmten den Herzog bei der Bethätigung dieser Erkenntniß für die Wahl des Theaters, vielleicht auch die Einsicht, daß dieses der Erlösung aus dem Zustande der Verworrenheit und eines neuen Aufschwungs dringend bedürfe. Nicht mindere Einsicht verrieth es, daß er, die dafür aufzubietenden Mittel und Kräfte erwägend, die kostspielige Oper, die ohnedies für das Drama eine gefährliche Nebenbuhlerin ist, von seinem Theater ausschloß, und das Drama höheren Styls, das ernste Drama, das, wie wir gefunden, am meisten einer Förderung und eines Aufschwungs bedurfte, bei seiner Unternehmung vor Allem ins Auge faßte. Auf den ersten Blick dürfte es scheinen, als ob das Princip, für welches der Herzog sich nach längerer Prüfung und Erfahrung entschied, eigentlich nichts andres als der auf das Drama höheren Styls übertragene Grundsatz der Wagner'schen Opernreform sei, insofern auch er der Darstellung der dramatischen Dichtung durch Anwendung und harmonisches Zusammenwirken aller dafür bereit liegenden scenischen Mittel ein neues Leben und einen neuen Aufschwung zu geben gedachte. Allein dieser Gedanke ist nicht nur, wie schon gesagt, weit älter als Wagner, es kommt auch noch alles darauf an, wie er ergriffen und ausgeführt wird. Das Verdienst des Herzogs von Meiningen liegt in der That nicht darin, dieses Princip zum ersten Male aufgestellt, sondern es in der ihm eigenthümlichen Weise ergriffen und zu Gunsten des darniederliegenden Dramas höheren Styls zu erfolgreicher Ausführung gebracht zu haben. Der Herzog von Meiningen hat weder der Zeit die Richtung auf das Naturwahre, noch auf das Malerische gegeben, er hat weder das historische Costüm, noch den Zwischenvorhang, weder die geschlossene Zimmerdecoration, noch die gebrochenen landschaftlichen Hintergründe erfunden. Dies alles lag bereits ihm, zugleich aber auch allen anderen Bühnenleitern vor. Es kam nur darauf an, es in seinem Geist zu ergreifen und gleiche Wirkungen hervorzubringen. Es verhält sich damit, wie mit dem Ei des Columbus, das jeder glaubt, richtig aufstellen gekonnt zu haben, nachdem er weiß, wie es gemacht wird.

Die Reform des Herzogs von Meiningen unterscheidet sich dadurch wesentlich von der Richard Wagner's, daß es grade die Bühne ist, welche dieser verwirft, auf welcher er durch neue Auffassung der dazu bereit liegenden, aber noch ungenügend benützten scenischen Mittel dem alten überlieferten Drama neues Leben und neue Bedeutung zu geben gesucht und zu geben vermocht hat. Wagner hatte dem gesprochenen Drama die Fähigkeit des unmittelbaren Gefühlsausdrucks abgesprochen. Der Herzog von Meiningen lieferte durch seine malerisch stimmungsvollen, dramatischen Darstellungen den Gegenbeweis. Womit erreichte er das? Er dehnte den Grundsatz Hamlet's: „Paßt die Geberde dem Wort und das Wort der Geberde an" auf alles aus, was auf der Bühne erscheint und auf jeden Moment, in dem hier etwas erscheint. Es sollte fortan nichts mehr bedeutungslos sein, Alles vielmehr in jedem Momente der Bedeutung des poetischen Momentes der Darstellung völlig entsprechen. Es sollte alles harmonisch, daher das zu Sehende malerisch, das zu Hörende wohltönend, beides aber doch nur in dem Sinne sein, daß es dem Charakter, der Stimmung, der Bedeutung jedes Moments, jeder Situation, jeder Scene, sowie der Bedeutung des Ganzen entsprach. Es liegt in der Natur dieses Princips, der äußeren Ausstattung der Scene eine größere künstlerische Beachtung als früher zu schenken. Es handelt sich dabei aber keineswegs nur um Decorations- und Costümprunk, sondern um künstlerische Angemessenheit. Die Scene soll den Zuschauer sofort in angemessener, d. i. der Stimmung und Bedeutung der Situation entsprechender Weise in diese nach Zeit, Ort und Charakter versetzen. Nichts, was das Auge sieht, soll stören, daher auch nicht ablenken, alles soll nur der grade vorliegenden Absicht harmonisch und künstlerisch dienen. Und ebenso soll überall, wo durch die Dichtung Massenentfaltung gefordert wird, diese auch sinnlich vergegenwärtigt werden und zwar immer nur in angemessener Weise. Der Figurant soll nicht mehr bloß theilnahmsloser Zuschauer der Scene sein, in welcher er auftritt, er soll als Theilnehmer derselben erscheinen, selbst wenn seine Rolle die eines Zuschauers ist. Schon Wagner hatte darüber geklagt, daß der Sänger seinen Gesang nicht immer mit dem künstlerisch angemessenen mimischen Ausdruck, mit der entsprechenden Geberde begleite, daß diese Fähigkeit aber noch weniger bei dem Chore und den Figuranten zu finden sei, die sich nicht selten ganz gleichgiltig gegen den stattfindenden Vorgang, ja oft sogar ganz unpassend dazu verhielten. Die zur Schau getragene Gleichgiltigkeit der an einer theatralischen Scene betheiligten Schauspieler, ihr davon abschweifendes Benehmen, das Mustern der Zuschauer, das Kokettiren mit den Logen, das Sprechen in die Coulissen, das Kichern und Lachen, die Beschäftigung mit Nebendingen ꝛc. wirkt störend und erkältend auf den Zuschauer ein. Wenn die Darstellungen des Meiningen'schen Theaters in irgend einer dieser Beziehungen bisweilen fehlen, so fällt dies doch nicht ihrem Princip, sondern nur der Ausführung zur Last, die bei einem so zusammengesetzten, von der Gewissenhaftigkeit und

dem Talente so vieler Einzelner abhängigen Unternehmen mit
großen Schwierigkeiten verbunden ist. Nur finden wir bei den
Meiningern niemals Gleichgiltigkeit, eher eine etwas über=
triebene Antheilnahme.

Ist aber bei der Darstellung einer poetischen Handlung
Alles bis in die kleinsten Beziehungen angemessen und bedeutend,
so ist sie auch lebensvoll. Sie wird daher in jedem Moment
aufs Neue ergreifen und fesseln, daher auch spannen. Wirkt sie
zugleich noch harmonisch, so wird sie den Zuschauer auch fort
und fort in der geforderten künstlerischen Stimmung erhalten
— das ist die Wirkung, welche das Meiningen'sche Kunst=
princip ins Auge faßt, rastlos verfolgt und in hohem Grade
erreicht. Nichts ist dafür sprechender als der Umstand, daß
obschon bei ihrer Darstellungsweise der Zwischenvorhang in
Stücken, welche Verwandlungen im Akte fordern, mehr als je
eine Nothwendigkeit geworden ist, sie doch über die damit ver=
bundenen Unterbrechungen der künstlerischen Spannung und Stim=
mung fast jederzeit obsiegen.

Ein Uebelstand bleibt der Zwischenvorhang freilich auch
noch bei ihnen. Sie selber sehen es so und nicht anders an.
Vergebens hat sich der Herzog bemüht, einen besseren Ersatz für
denselben zu finden. Er hat Versuche gemacht, den Zwischen=
vorhang durch die Verdunklung der Scene zu ersetzen und ich
werde später Gelegenheit haben, eine sinnvolle Anwendung dieses
Auskunftsmittels zu berühren. Doch dürfte dasselbe nur in
seltenen Fällen zu angemessener Anwendung zu bringen sein.
Auch Wolkenschleier, wie man sie früher mit Glück bei Verwand=
lungen in Märchendramen anwendete, dürften nur in beschränktem
Umfang zulässig erscheinen. Das beste wird wohl noch immer
sein, den Gebrauch des Zwischenvorhangs dadurch einzuschränken,
daß man daneben, so oft es nur thunlich ist, sich der Verwand=
lung bei offener Scene bedient, wie das z. B. hier und da im
Dresdner Hoftheater geschieht. Wenn der Zwischenvorhang aber
auch unstreitig ein Uebel ist, so ist er doch ein nothwendiges
Uebel geworden, und wenn er dem dramatischen Dichter viele
Nachtheile bringt, so bietet er ihm doch auch einige nicht zu
verachtende Vortheile. Die Verwandlung bei offner Scene ist
nämlich ebenfalls mit Einschränkungen verbunden. Sie verlangt,
daß der Schauplatz vor der Verwandlung frei und leer geworden
ist und soviel wie möglich auch bei Anfang der nächsten Scene

wieder leer erscheint. Der Zwischenvorhang hebt diese Be=
schränkung natürlich auf.

Der Herzog von Meiningen erkannte ebenso richtig wie
seine Vorgänger, daß eine Reform der Bühne bei ihrem Leiter
beginnen müsse. Er wurde sein eigner Bühnenintendant und,
was wichtiger war, stellte als solcher für alle andren ein Muster
auf. Er verzichtete darauf, sein Theater nur vom Bureau aus
leiten zu wollen. Er war die Seele desselben, wie der einzelnen
Vorstellung. Allseitiger, tiefer und phantasievoller ist die ihm
vorliegende Aufgabe gewiß nur selten ergriffen worden, selten
oder nie brachte man so vielseitige Begabung dazu mit. Er
studirte den Geist und die Bedeutung der Dichtung, die ihm
bei ihrer Darstellung Hauptsache blieb. Ihr wurde alles andre
untergeordnet. Er erwog alle Mittel der Bühne, um ihr auf
dieser ihr volles sinnliches Leben zu geben, bis sie auf solche
Weise fertig vor seinem inneren Auge stand. Nur wo es ihm
nöthig oder doch vortheilhaft schien, erlaubte er sich Verände=
rungen, Kürzungen oder scenische Versetzungen, wobei er jedoch
mit größter Rücksicht verfuhr. Er entwarf selbst die Decora=
tionen und Kostüme oder gab doch die Idee dazu an. Erstere
wurden dann in Modellen geprüft. Selbst nach der Ausführung
noch wurde Manches so lange verändert, bis es seinem Ge=
schmacke und Urtheil in jeder Beziehung entsprach. Die Ver=
theilung der Rollen war eine Sache tiefster Erwägung. Der
überlieferte Begriff der Rollenfächer mit seinen Ansprüchen und
Anmaßungen wurde von ihm so gut wie verworfen. Dem Inter=
esse der Darstellung war jedes andre untergeordnet. Wie es
ihm bei der Darstellung jeder einzelnen Rolle auf die Eigen=
thümlichkeit ihres individuellen Charakters in dem Verhältniß
ihrer Bedeutung zu dem eigenthümlichen Charakter und der Be=
deutung der ganzen Dichtung ankam, so wurde auch eine jede
an die dieser Eigenthümlichkeit entsprechendste schauspielerische
Individualität vertheilt. Nicht durch Sondervortheile, sondern
nur durch das Interesse der Sache will er die Darsteller an
diese und sich gefesselt wissen, daher es bei ihm weder Rollen=
monopole, noch Spielhonorare giebt. Auch muß jeder Darsteller
es sich gefallen lassen, daß eine ihm zuertheilte Rolle ihm wieder
entzogen wird, falls er den gehegten Erwartungen doch nicht
entspricht. Das Princip des Herzogs schließt die schauspielerische
Genialität keineswegs aus, wenn er sie aber auch zu zahlen

bereit gewesen wäre, würde sie für das kleine stille Meiningen
doch kaum zu erhalten gewesen sein. In einzelnen Fällen ge=
wann er sie aber doch zu seinen Gastspielen. Dagegen bewährte
er einen ausgezeichneten Blick für gute, bildsame Kräfte, wie
grade sein Princip dieser auch wieder dringend bedurfte. Sein
Theater wurde grabezu eine Schule dafür. Nur eins war dabei
zu besorgen, daß die unter seiner Führung gebildeten Schau=
spieler, sich selbst überlassen, kaum noch dasselbe zu leisten im
Stande sein würden. Denn nicht nur verschmäht der Herzog
es nicht, bei hervorragenden Aufgaben dem Studium einzelner
Rollen beizuwohnen, welcher Aufgabe sich bei den weiblichen Mit=
gliedern dessen kunstbegeisterte Gemahlin, Freifrau v. Heldburg,
unterzieht, während bei den männlichen Herr Hofrath Chronegk
sich aufs Hingebendste derselben widmet, sondern er überwacht auch
bei den Gesammtproben vom Parterre aus mit Auge und Ohr
jede Bewegung, jede Betonung, jede Stellung der einzelnen Dar=
steller, bis sich das Ganze als ein lebensvolles, von Moment zu
Moment sich entsprechend verwandelndes Gemälde der darzustellenden
Handlung darbietet, welches, indem es dem Auge in jedem Augen=
blick einen stimmungsvoll malerischen Genuß bereitet, den in den
Worten niedergelegten Geist der Dichtung völlig zum Ausdruck
bringt. Unterordnung ist bei diesen Proben, in denen ein ein=
ziger Akt oft stundenlang wiederholt wird, das erste Gebot für
den Künstler, der, wie groß sein Talent auch immer sei, sich ihm
ganz unterwerfen muß. Geduld und Ausdauer giebt ihm hierbei
das eigne Beispiel des Herzogs und das Vertrauen, das er in
die künstlerische Führung desselben setzt.

Es mag zunächst scheinen, und ich selbst erhielt anfänglich
diesen Eindruck, daß der Herzog die auf das Auge berechnete
Seite der Bühnenkunst noch mehr, als die auf das Ohr berech=
nete Seite begünstige. Dies ist aber nur scheinbar, da erstere
bei ihm ja durchaus auf den in den Worten niedergelegten
Geist und Inhalt der Dichtung bezogen wird. Es erklärt sich
jedoch daraus, daß der auf das Auge berechnete Theil, besonders
im Schauspiel, bisher bei der Darstellung so sehr zurückgesetzt
und vernachlässigt oder doch in mangelhafter und unkünstlerischer
Weise zur Ausführung gebracht worden war, daher das hier
Geleistete auch mehr als alles andre überraschen mußte. Der
Herzog drang darauf, daß die Decoration, das Costüm und die
ganze äußere Ausstattung der Scene dem Charakter und der

Stimmung des Stücks, sowie der Lage und dem Charakter der Zeit und des Orts in durchaus wahrer, d. i. auch historischer, und in durchaus künstlerischer, also auch malerischer Weise entsprechen. Sie sollen den wirkungs- und stimmungsvollen und dabei harmonischen Hintergrund zu dem Spiele der Schauspieler bilden. Eine derartige Verwendung der scenischen Mittel war bisher, wenn nicht überhaupt, so doch gewiß nicht auf dem Gebiete des Schauspiels durchgeführt worden und obschon Wagner etwas Aehnliches für die Oper beabsichtigte, so ging ihm der Herzog doch in der Praxis voran. Nothwendig war es dabei, daß Rede wie Spiel der Schauspieler aus den Fesseln der Convention, die besonders im Drama höheren Styls die natürliche Freiheit beider noch immer beengte, befreit werden mußten und es soll nicht geläugnet werden, daß dies hinsichtlich des Spiels durchgreifender und allgemeiner gelang, als bei dem rednerischen Vortrag. Doch ist auch hierin ganz Bedeutendes schon erreicht worden.

Was das Meiningen'sche Theater auf seinem Wege in nur wenigen Jahren erzielte, war so außerordentlich, daß der Gedanke entstand, das Geleistete nicht auf das kleine Meiningen zu beschränken, sondern es an den Hauptsitzen der dramatischen Kunst der Nation vor Augen zu stellen, dessen Wirkungen auf diese zu prüfen, Anhänger für das ihm zu Grunde liegende neue Darstellungsprincip zu werben und im Fall des Gelingens der Entwicklung des deutschen Theaters, insbesondere des Dramas höheren Styls, einen neuen Aufschwung zu geben.

Die Gastspiele des Meiningen'schen Hoftheaters.

Es gehört zu den Gegensätzen, welche trotz aller inneren Verwandtschaft zwischen dem künstlerischen Unternehmen des Herzogs von Meiningen und dem Richard Wagner's besteht, daß Ersterer weder eines besondren neuen Theaters zur Ausführung desselben zu bedürfen glaubt, noch den Anspruch erhebt, daß die Nation in einer dabei für nothwendig erachteten Feststimmung zu seinen Darstellungen wallfahrte. Ihm genügt jede Bühne, welche den entsprechenden Raum bietet. Sein Theater wallfahrtet umgekehrt selbst zur Nation. Es glaubt die zum Kunstgenuß nöthige Stimmung unmittelbar durch seine Vorstellungen hervorbringen zu können und geht hierin sogar so weit, daß es die Beihilfe der üblichen Eröffnungs- und Zwischenaktsmusik verschmäht, wovon es erst kürzlich, doch nur für die Vorstellungen in Meiningen selbst, zurückgekommen ist.

Wenn das Virtuosenthum das Wanderleben der Schauspieler der alten Wanderbühne in neuer Form wieder aufgenommen hat, so gab das Meiningen'sche Hoftheater das erste Beispiel, die Wanderbühne selbst in neuer Form und von einem neuen Geiste beseelt wieder aufleben zu lassen, nur daß sie nicht, wie das Virtuosenthum, ihr künstlerisches Heimathsrecht dabei aufgab, vielmehr ihren alten, festen Stammsitz unverändert beibehielt und regelmäßig dahin zurückkehrte, um sich an der allgemeinen Entwicklung der dramatischen Kunst in stetiger Weise zu betheiligen.

Mit der Leitung dieser Gastspiele wurde Herr Hofrath Ludwig Chronegk, damals noch Regisseur des Theaters, betraut, in welchem der Herzog einen Mann gefunden hat, welcher mit Geist und aufopfernder Hingabe in seine Ideen eingeht und sie mit unermüdlicher Ausdauer zur Ausführung und Geltung bringt. Im Jahre 1837 zu Brandenburg an der Havel geboren, hatte er seine theatralische Laufbahn in Berlin am Kroll'schen Theater begonnen. 1873 übernahm er die Regie des Herzoglich Meiningen'schen Theaters, um schon im nächsten Jahre das erste Gastspiel desselben zu leiten. Er war die Seele dieser Gastspiele bis heute und wurde 1876 für seine geleisteten Dienste zum Oberregisseur, 1879 zum stellvertretenden Intendanten, 1880 zum Intendanzrath und endlich zum Hofrath ernannt.

Die von ihm übernommene Aufgabe war keine geringe. Galt es doch die so überaus sorgfältig abgewogenen und auf die räumlichen Verhältnisse des Meiningen'schen Hoftheaters berechneten Vorstellungen auf fremde und andre räumliche Verhältnisse darbietende Bühnen so zu übertragen, daß sie gleichwohl dieselbe Wirkung hervorbrachten, wie dort. Galt es doch, da es nicht thunlich erschien, die dazu nöthigen zahlreichen Comparsen und Figuranten, welche für die größeren Bühnen überhaupt zu vermehren gewesen sein würden, von Meiningen mitzubringen, mit ganz neuen fremden Comparsen und Figuranten zu arbeiten, welche in kürzester Frist nun ebenso abgerichtet werden sollten, wie dies in Meiningen oft erst nach vielen Versuchen und Proben gelungen war. Was Hofrath Chronegk hierin oft in mir wenigen Tagen erreicht, ist als Triumph seiner Regiethätigkeit zu bezeichnen. Es wurde ihm nur dadurch etwas erleichtert, daß es zu den Gepflogenheiten des Meiningen'schen Theaters gehört, die bei einem Stück nicht betheiligten Darsteller mit unter die Comparsen und Figuranten zu mischen, um dem stummen Spiele derselben gewisse Höhepunkte und hierdurch eine größere künstlerische Bedeutung zu geben — ein Vorgehen, welches zuerst von dem berühmten Balletmeister Gardel in Paris bei Darstellung der Danaiden von Salieri mit großem Erfolge zur Anwendung gebracht worden ist. Die Hingabe, mit welcher dies von den Darstellern des Meiningen'schen Theaters ausgeübt wird und die glücklichen Wirkungen, welche damit erreicht werden, haben immer die größte Bewunderung in mir erregt.

Am 1. Mai 1874 wurde unter diesen Umständen das erste Gastspiel des Meiningen'schen Hoftheaters am Friedrich=Wilhelmstädtischen Theater in Berlin mit Shakespeare's Julius Cäsar eröffnet. Papst Sixtus V. von Minding, Was ihr wollt von Shakespeare, Lindner's Bluthochzeit, Björnson's Zwischen den Schlachten, Molière's Eingebildeter Kranker und Shakespeare's Kaufmann von Venedig folgten. Man spielte bis 16. Juni an 47 Abenden. Hauptdarsteller waren damals Ludwig Barnay, Josef Nesper, Hellmuth=Bräm, Leopold Teller, Ludwig Chronegk, Paul Richard, Emil Pückert, Josef Weilenbeck, Romanus Hassel, Friedrich Stoppenhagen, Marie Berg, Marie v. Moser=Sperner, Clara Hausmann, Fanny Weidt.

Der Eindruck, den diese Vorstellungen unmittelbar ausübten, war ein ganz außerordentlicher. Die Thatsache, daß Stücke, deren Wirkung auf dem Hoftheater zum Theil völlig verblaßt war, die nur nach längerer Pause oder mit Hilfe eines berühmten Gastes das Haus wieder füllten, hier aber eine Anziehungskraft ausübten, als ob es sich um etwas ganz Neues, noch niemals Dagewesenes handle, wie in der That diese Stücke eine ganz neue Seele, ein neues Leben erhalten zu haben schienen — dieser Thatsache konnte sich unmittelbar fast Niemand verschließen. Freilich hinderte dies nicht, daß unter dem Vorschritt der Presse ein heftiger Kampf der Meinungen darüber entstand und es dabei keineswegs an Bemängelungen und Tadel fehlte. Doch gerade die Heftigkeit und Dauer dieses Streites bewiesen nur umsomehr die Stärke und die Bedeutung des neuen Eindrucks. Man wollte diese

Wirkung freilich bald nur dem Reize der Neuheit, bald nur der Ausstattung, dem theatralischen Prunke, dem Lärm der Scene zuschreiben, übersah aber dabei, daß das Meiningen'sche Theater seine Erfolge größtentheils alten, schon abgespielten Stücken verdankte und daß darunter einzelne waren, die wie „Was ihr wollt" und „Der eingebildete Kranke" weder Massenentfaltung noch Decorationsprunk zuließen. Man wies darauf hin, daß das königliche Hoftheater doch über ganz andere, bedeutendere Kräfte verfüge und diese einzelne Rollen um vieles besser und bedeutender darstellten, bemerkte jedoch nicht, daß hierin gerade der schwerste Tadel gegen die Leitung des Hoftheaters und das größte Lob für die Meininger enthalten war. Denn was würden diese erst zu leisten vermocht haben, wenn sie über diese angeblich so bedeutenden Kräfte zu verfügen gehabt und diese sich ihrem Princip ebenso bildsam unterworfen hätten, wie ihre mittleren und zum Theil doch immer sehr guten Darsteller, unter denen eine schon damals so anerkannte Kraft wie Barnay war. Und was hinderte andrerseits das Hoftheater von seinen größeren Kräften einen ebenso genialen Gebrauch zu machen, wie der Herzog von Meiningen? Man beleuchtete freilich die Unmöglichkeit, die Kunstprincipien des letztern bei Theatern zur Anwendung zu bringen, welche für die Entwicklung eines fast alle Zweige der dramatischen Kunst umfassenden Repertoires und die allabendliche Unterhaltung des Publikums zu sorgen haben und behandelte die Leistungen der Meininger wie bloße ideale Kunststücke. Allein auch hier bedachte man nicht, daß die auf den Gastspielen der letzteren dargebotenen Stücke, wennschon die Blüthe, so doch immer nur einen Theil des Repertoires bildeten, das sie, wenn auch in beschränkterer Weise als das Berliner Hoftheater, in ihrem Theater zu Meiningen pflegten. Auch haben die Wirkungen, welche die Gastspiele der Meininger ausübten (worauf ich später zurückkomme), diesen Einwurf zu sehr widerlegt, als daß ich näher darauf einzugehen brauchte. Wichtiger waren die Bedenken, welche man gegen die Anwendbarkeit des Meiningen'schen Kunstprincips und gegen dieses selbst von andrer Seite einwendete. Man fürchtete, daß es die dramatische Kunst immer mehr nach der Seite des Glänzenden, Aeußerlichen treiben werde und ich gestehe, daß ich selbst, obschon ich seit überzeugt war, eine das Wesen der Sache ins Auge fassende Nachahmung werde dieser Gefahr keineswegs ausgesetzt sein, gleichwohl jene

Befürchtung theilte. Je äußerlicher und geringschätziger die Urtheile waren, die von den Kreisen ausgingen, welche den durch das Princip der Meininger aus ihrer Ruhe und Bequemlichkeit aufgeschreckten Theatern naheſtanden, deſto weniger ſchien auch zu hoffen, daß man hier in den Geiſt des Meiningen'ſchen Kunſtprincips eindringen und ſich deſſelben bemächtigen werde. War es doch unendlich viel leichter einzelne der Aeußerlichkeiten ihres Theaters nachzuahmen, als das, was ihre Darſtellungen ſo überaus lebensvoll, anziehend und ergreifend macht. Selbſt wenn man ihr Princip richtig erkannt und zugleich den guten Willen gehabt hätte, es aufs Gründlichſte durchzuführen, würde doch hierzu noch ein verwandter Geiſt mit den entſprechenden Fähigkeiten nothwendig geweſen ſein.

Nicht, daß die Darſtellungen der Meininger nicht auch manche Einwürfe zuließen. Nur betraf dies faſt immer Mängel der Ausführung, nicht des Princips. Wenn ſich hier und da Uebertreibungen in der Lebhaftigkeit des Spiels und des Vortrags, beſonders in den Volksſcenen zeigten, ſo blieb noch überdies zu bedenken, daß die Darſtellung in ungewohnten Räumen und das Arbeiten mit fremden, raſch eingeübten Figuranten dies ebenſo erklärlich, als entſchuldbar machte. Wenn hier und da in der Decoration oder in den Coſtümen etwas anachroniſtiſch erſchien, oder auch umgekehrt eine gewiſſe philologiſche oder hiſtoriſche Liebhaberei darin ſich verrieth, ſo hatte dies ſicher nichts mit ihrem Princip zu thun, das überall nur das künſtleriſch Angemeſſene, daher auch Maleriſche fordert. Das Meiningen'ſche Princip iſt daher auch nicht, wie Manche zu glauben ſcheinen, auf das Glänzende an ſich und um jeden Preis geſtellt. Möglich, daß einzelne ihrer Aufführungen hier und da glänzender, als nöthig erſcheinen. Ihr Princip will es nicht. Es fordert nur Glanz, wo er von der Dichtung gefordert wird. Der Toilettenluxus, der Brillantſchmuck, die man in andren Theatern die Darſtellerinnen in bürgerlichen Stücken zur Schau ſtellen ſieht, widerſprechen völlig dem Princip des Meiningen'ſchen Theaters. Es fordert überall zur Einfachheit, ſelbſt zur Aermlichkeit auf, wo dieſe von der Dichtung verlangt wird. Künſtleriſch und darum auch maleriſch ſoll dann freilich auch dieſe Einfachheit und Aermlichkeit ſein. Daher es auch unrichtig iſt, daß das Meiningen'ſche Princip finanziell gar nicht durchführbar ſei, weil es die meiſten Theater weit über ihre Kräfte belaſten würde. Hängt dies doch ganz von der Wahl ihrer Stücke ab. Auch verpflichtet das Meiningen'sche Princip selbst bei Stücken, welche äußeren Glanz fordern, nicht, hierin über die Kräfte eines Theaters zu gehen. Ich bin überzeugt, daß die Ausstattungen der Meininger oft wesentlich billiger sind, als die der sie jetzt nachahmenden Hoftheater, ohne daß diese doch gleiche Wirkung damit erzielen. Finanziell stellt die Frage sich überhaupt so: Ist es vortheilhafter, die alten classischen Stücke in der alten leblosen Art vor leeren oder schwach besuchten Häusern zu spielen oder machen sich die Kosten, welche das Princip der Meininger auferlegt, in zinstragender Weise durch lebhafteren Besuch der Darstellungen bezahlt?

Man hat den Meiningern auch noch den Vorwurf gemacht, in ihren Darstellungen zu realistisch zu sein. Im Ganzen wird es aber schon dadurch widerlegt, daß es vorzugsweise idealistische Stücke, Stücke des hohen Styls sind, die sie zu ihren Darstellungen wählen und denen sie ein neues Leben auf der Bühne zu geben vermocht haben. Nicht minder muß für sie sprechen, daß sie für die Unverletzbarkeit dieser Werke in gewissem Umfange einlegten, die ursprünglichen Texte der vielfach verstümmelten Dichter möglichst wieder herstellten und das Ungerechtfertigte und Unkünstlerische solcher vandalischen Eingriffe in das geistige Eigenthum darlegten. Die Meininger haben den Idealismus nur in seinen Auswüchsen auf der Bühne bekämpft, das hohle Pathos, die leere Declamation, die verlogene Empfindsamkeit — lauter Erscheinungen, welche allein schon beweisen, daß der Idealismus der Bühne seine Schattenseiten so gut hat wie der Realismus und Naturalismus. Im Uebrigen aber haben sie gerade den Naturalismus mit dem Idealismus, die Wahrheit mit der Schönheit zu versöhnen und zu verbinden gesucht, wofür sie an einigen der größten Dichter, Shakespeare und Göthe, so große Vorbilder fanden.

Der Streit über die Vorzüge und Schwächen der Meininger hat sie auf ihren Gastspielen begleitet, er ist auch heute noch nicht völlig verstummt. Die Anerkennung aber ist immer mehr durchgedrungen; schon nach ihrem ersten Berliner Gastspiele in dem Maße, daß sie bereits im nächsten Jahre dahin zurückkehren konnten, um neue Triumphe zu feiern. Ich lasse hier in chronologischer Ordnung ein vollständiges Verzeichniß dieser Gastspiele folgen und führe diejenigen Stücke an, welche dabei zum ersten Male von ihnen aufgeführt worden sind, sowie die Hauptdarsteller jedes einzelnen Jahres. Näheres über die Leistungen der bedeutendsten von ihnen und die Besetzung einzelner bedeutender Rollen wird man im nächsten Abschnitt bei Betrachtung der einzelnen Stücke des Gastspiel=Repertoires der Meininger finden.

1875 fand vom 16. April bis 15. Juni wieder ein Gastspiel im Friedrich=Wilhelmstädtischen Theater in Berlin statt. Als Novitäten erschienen: Kleist's Hermannsschlacht, Grillparzer's Esther, Molière's Gelehrte Frauen und Schiller's Fiesko. — Am 25. September folgte ein Gastspiel im Theater an der Wien zu Wien, welches bis 31. October dauerte. Vom 3.—19. November spielten die Meininger im deutschen Theater in Budapest. Hauptdarsteller waren in diesem Jahr: Nesper, Hellmuth=Bräm, Teller, Rinald, Hassel, Richard, Chronegl, Marie Berg, Marie v. Moser=Sperner, Adele Pauli. In Wien gastirte Friedrich Dettmer aus Dresden.

Das Jahr 1876 brachte das dritte Gastspiel im Friedrich=Wilhelmstädtischen Theater zu Berlin, vom 1. Mai bis 18. Juni. Neu waren dabei: Kleist's Käthchen von Heilbronn, Otto Ludwig's Erbförster, Schiller's Wilhelm Tell, Ibsen's Kronprätendenten und Shakespeare's Macbeth. Vom 16. September bis 10. October spielten die Meininger im Neustädter Hoftheater zu Dresden; vom 15. October bis 16. November im Lobetheater zu Breslau. Die bedeutendsten Darsteller waren: Nesper, Hellmuth=Bräm, Teller, Rinald, Weilenbeck, Aloys Prasch, Chronegl, Richard, Stoppenhagen, Hassel, Marie Berg, Marie v. Moser=Sperner, Emma Habelmann, Adele Pauli. Barnay war für Berlin, Mitterwurzer für Dresden gewonnen.

1877 fand vom 1. Mai bis 10. Juni ein Gastspiel im Stadttheater zu Cöln mit Iffland's Jägern als Novität statt. Vom 15. Juni bis 8. Juli folgte das Gastspiel im alten Stadttheater zu Frankfurt a. M., vom 20. Septbr. bis 15. October das im Residenztheater zu Dresden und vom 18. October bis 27. November ein letztes im Stadttheater zu Breslau. Neu war Joseph Kainz. Als Gast spielte Emil Hahn (als Hermann in Kleist's Hermannsschlacht) in Dresden.

Im Jahre 1878 fand vom 1. Mai bis 1. Juni das 4. Gastspiel im Friedrich-Wilhelmstädtischen Theater zu Berlin mit Schiller's Räubern, Kleist's Prinz von Homburg, Shakespeare's Wintermärchen und Grillparzer's Ahnfrau als Novitäten statt. Das darauffolgende Gastspiel im alten Stadttheater zu Frankfurt a. M., vom 20. Juni bis 9. Juli, wurde am 10. kurz vor der Aufführung der Ahnfrau durch einen Theaterbrand unterbrochen. Es folgten noch die Gastspiele im Neustädter Theater zu Prag vom 15. September bis 11. October, im alten Stadttheater zu Leipzig vom 15. October bis 15. November und im Lobetheater zu Breslau vom 18. November bis 19. December. Die bedeutendsten Darsteller dieses Jahres waren: Nesper, Hellmuth-Bräm, Gustav Kober, Kainz, Teller, Prasch, Paul Richard, Hassel, Carl Görner, Marie Berg, Adele Pauli, Maruska Bittner, Therese Grunert.

1879 wurden die Gastspiele am 1. Mai (bis 3. Juni) im Stadttheater zu Cöln eröffnet. Es folgten die vom 7. Juni bis 15. Juli im Stadttheater zu Hamburg, vom 10. September bis 10. October im Neustädter Theater zu Prag, vom 15. October bis 23. November im Ringtheater zu Wien und endlich vom 26. November bis 18. December im Deutschen Theater zu Budapest. Von neuen Darstellern sind Frl. Haberland (nur 2 Monate), Frl. Salingré, Frl. Sandrock und Frl. Eckhardt zu nennen, die im vorigen Jahre ausgeschiedene Fr. von Moser-Sperner kehrte zurück. Dagegen verließen Hellmuth-Bräm und Frl. Pauli die Bühne. Weilenbeck wurde pensionirt, Emmerich Robert zum Gastspiel gewonnen.

1880 brachte zuerst ein Gastspiel in der großen Schouwburg zu Amsterdam vom 4. Mai bis 11. Juni. Es folgten die Gastspiele im Theater zu Düsseldorf vom 15. Juni bis 1. August, im Carola-Theater zu Leipzig vom 15. September bis 24. October und im Stadttheater zu Graz vom 29. October bis 29. November. Die Darsteller waren nahezu die früheren. Carl Salomon war an dem Amsterdamer Gastspiel betheiligt.

1881 fand vom 28. April bis 25. Mai ein Gastspiel im

Stadttheater zu Bremen mit Schiller's Wallensteins Lager als Novität statt. Ihm schloß sich das in Drurylane Theatre zu London vom 30. Mai bis 23. Juli mit Göthe's Jphigenie auf Tauris und Wolff's Preciosa als Novitäten an. Es folgten die Gastspiele vom 1.—30. November im Stadttheater zu Breslau, vom 4.—31. October im deutschen Theater zu Budapest und vom 3. November bis 2. December im Stadttheater zu Graz. Für London war Barnay gewonnen. Neu waren in diesem Jahr Frl. Haverland, Wilhelm Arndt, Pauline Schweighofer. Am 10. October wurde die 1000. Vorstellung dieser Gastspiele in Pest gefeiert. Alle Mitglieder, welche sämmtlichen Gastspielen beigewohnt hatten, erhielten zur Erinnerung eine silberne Medaille. Ludw. Chronegk, Richard, Büchner, Godeck, Hassel, Nesper, Stein, Stoppenhagen, Marie Berg, Laura Eckardt, Minna Schmidt, Anna Schwenke gehörten dazu.

1882 brachte zunächst das Gastspiel vom 22. April bis 31. Mai im Friedrich-Wilhelmstädtischen Theater zu Berlin mit Schiller's Piccolomini und Wallenstein's Tod als Novitäten. Vom 3. Juni bis 1. Juli fand das Gastspiel im Stadttheater zu Nürnberg, vom 4.—24. Juli im Carolatheater zu Leipzig, vom 7. September bis 18. October im Victoria-Theater zu Berlin, vom 18. October bis 19. November im Lobetheater zu Breslau, vom 22. November bis 18. December im Residenztheater zu Dresden statt. Als neue Darsteller traten hinzu: Carl Weiser, Emil Drach, Willy Gunz, Marie Drach-Cuinz, Marie Schanzer, Christine Christien, Caroline Bartoschek. Von den früheren Darstellern ragten besonders hervor: Nesper, Arndt, Teller, Richard, Pückert, Hassel, Görner, Marie Berg.

Das Jahr 1883 wurde mit dem Gastspiel im Stadttheater zu Barmen vom 4.—29. April eröffnet. Ihm folgten die Gastspiele im Stadttheater zu Bremen mit Fitger's Hexe als Novität v. 2.—29. Mai, im Stadttheater zu Magdeburg vom 1.—27. Juni, im Neustädter Theater zu Prag vom 15. September bis 9. October, im Carltheater zu Wien vom 13. October bis 15. November und im Residenztheater zu Dresden vom 18. November bis 18. Decbr.

Neu waren Olga Lorenz und Mathilde Wenzel, wogegen Frl. Haverland wieder zurücktrat. Auch Nesper verließ damals das Meiningen'sche Hoftheater.

1884 begann am 20. April mit einem bis 15. Mai dauernden Gastspiele in Mainz, bei welchem Lydia von Gensichen und der Herrgottschnitzer von Ganghofer und Neuert als Novitäten erschienen. Ihm folgten Gastspiele in Straßburg, Baden=Baden und Metz 18. Mai bis 15. Juni, in Basel 17. Juni bis 14. Juli. Das sich anschließende am 31. August beginnende und bis 12. October andauernde Gastspiel im Victoriatheater zu Berlin brachte Schiller's Maria Stuart und Lessing's Miß Sara Sampson als Novitäten. Ihm folgte ein Gastspiel im Lobetheater zu Breslau vom 15. October bis 17. November und im Residenztheater zu Dresden vom 19. November bis 18. December. Neu waren Barthel und Göbel, sowie Frl. Dierkes.

1885 brachte zunächst das Gastspiel im Alexandratheater in Petersburg mit Schillers Braut von Messina als Novität. Es währte von 22. Februar bis 27. März. Ihm folgten die Gastspiele im Lentowskytheater zu Moskau vom 6. April bis 3. Mai, im großen Theater zu Warschau vom 8.—29. Mai, in Königsberg vom 2.—30. Juni. Am 1. October begann wieder ein bis 28. October währendes Gastspiel in Graz, worauf im Politeomotheater zu Triest (1. November bis 29. November) die ungewöhnlichen Anstrengungen dieses Jahres ihren glänzenden Abschluß fanden. Für Petersburg war Ludw. Barnay, für Moskau Pauline Ulrich gewonnen. Göbel und Car. Bartoschek verließen die Bühne.

Das Jahr 1886 war ursprünglich zu einer Gastspielfahrt über den Ocean bestimmt. Die Verhandlungen aber zogen sich in die Länge und die plötzliche schwere Erkrankung des Hofrath Chronegl verhinderte vollends die Ausführung des Planes. Barmen (8. April bis 2. Mai), Mainz (5.—31. Mai) und Düsseldorf (2. Juni bis 4. Juli) wurden besucht; Marino Faliero von Byron in der Bearbeitung Fitger's erschien in Mainz als Novität. Neu gewonnen wurden Max Grube, Hilmar Knorr, Willy Felix, Clotilde Schwarz und Amanda Lindner.

Dieser kurze Ueberblick ergiebt, daß die Meiningen'schen Gastspiele sich innerhalb 13 Jahren auf 29 Städte erstreckten und der Erfolg derselben ein so großer war, um sie in Berlin nicht weniger als 7 Mal, in Breslau 6 Mal, in Dresden 5 Mal, in Wien, Pest, Prag, Leipzig, Graz je 3 Mal wiederholen zu können. Die Zahl der verschiedenen Gastspiele beläuft sich auf 60, die Zahl der einzelnen Vorstellungen auf 1969, die Gesammteinnahme der Gastspielvorstellungen auf nicht weniger als 4,423,422 ℳ. Beweis genug, daß das Meiningen'sche Princip nicht nur in künstlerischer, sondern auch geschäftlicher Beziehung ein höchst beachtenswerthes ist. Die während der ersten 10 Jahre auf Gastspielreisen gegebenen Wohlthätigkeitsvorstellungen lieferten ein Erträgniß von 78,313 Mark.

Von den verschiedenen Stücken der Meiningen'schen Gastspiele kam Julius Cäsar bis Ende 1886 263 Mal zur Aufführung. Das Wintermärchen erlebte 197 Vorstellungen, Tell 184, Fiesco 137, Wallensteins Lager 130, Piccolomini 115, Was ihr wollt 103, Wallensteins Tod 104, Räuber 90, Hermannsschlacht 83, Käthchen von Heilbronn 83, Der eingebildete Kranke und Esther je 75, Ahnfrau 72, Bluthochzeit 67, Hexe 49, Maria Stuart 48, Preciosa 45, Prinz von Homburg 38, Gelehrte Frauen 26, Kaufmann von Venedig 26, Lydia 22, Bezähmte Widerspenstige 17, Zwischen den Schlachten 16, Braut von Messina und Herrgottschnitzer je 11, Macbeth 10, Iphigenie 8, Kronprätendenten und Sarah Sampson je 7, Marino Faliero 5, Sixtus V. 4, Erbförster und Jäger je 2. Wobei freilich der Zeitpunkt der ersten Aufführung zu berücksichtigen ist.

So groß der Einfluß der Regie auf die Darstellungen des Meiningen'schen Hoftheater aber auch ist, so erscheint das Gelingen der Darstellung der einzelnen Stücke doch immer noch abhängig von der Stärke und Eigenthümlichkeit der jeweilig vorhandenen schauspielerischen Talente. Die Fähigkeit der Regie, diese letzteren zu erkennen, zu wecken, zu entwickeln und so zu benützen, daß jede Kraft in der ihrer Eigenthümlichkeit entsprechendsten Weise verwendet, jede Rolle mit der geeignetsten schauspielerischen Individualität besetzt wird, ist eine außerordentlich große und, wie ich glaube, kaum wieder erreichte. Talente zu schaffen aber vermag auch sie nicht. Wohl übten ihre Erfolge eine große Anziehungskraft auf dieselben aus. Doch wie sehr auch der Herzog durch seinen Geist, sein Genie, seinen Eifer, durch die Leutseligkeit und Liebenswürdigkeit seines Umgangs, durch die Anerkennung, die er jeder guten Leistung entgegenbringt — denn über alles dies herrscht unter den Mitgliedern seines Theaters nur eine Stimme — die Talente an sich zu fesseln versteht, so findet doch Jahr für Jahr ein größerer Wechsel im Personale statt, als an irgend einem anderen Hoftheater. Wohl gelang es ihm einen festen Stamm um sich zu bilden, doch auch dieser hat mit der Zeit manche Einbuße erfahren. Wie sehr das wandernde, von Triumph zu Triumph eilende Leben dieses Theaters besonders den jüngeren Kräften anfangs behagt, so sehnt sich zuletzt doch jeder nach ruhigeren, stetigeren Verhältnissen, nach der Behaglichkeit des festen Wohnsitzes und des ungestörten Familienlebens. Aufstrebende oder nach größerer Selbstständigkeit verlangende Geister halten bei der Unterordnung, der Selbstentäußerung, der unermüdlichen Hingabe, die dieses Theater verlangt, meist nur kurze Zeit dabei aus. So verließ die anmuthige Adele Pauli, so der tüchtige und vielseitige Hellmuth-Bräm das Theater nach nur fünfjähriger Thätigkeit. So ist die unruhige, talentvolle Marie von Moser-Sperner demselben schon zwei Mal untreu geworden. Viel kürzer war noch die Ausdauer von Frau Maruska Bittner, von den talentvollen Josef Kainz und Emil Drach, von Willy Gunz und Gustav Kober. Die eigentliche schauspielerische Virtuosität war überhaupt, wie z. B. Ludwig Barnay, Emmerich Robert, Friedrich Dettmer, Pauline Ulrich, nur ganz vorübergehend zu gewinnen. Nichts kann den hierdurch verursachten Wechsel im Personal aber besser veranschaulichen, als der Wechsel in der Besetzung vieler hervorragenden Rollen. So weist die Rolle des Antonius in Julius Cäsar 10, die des Brutus 7, der Portia 8, des Leontes im Wintermärchen 7, der Hermione 8, des Carl in den Räubern 9, des Fiesco 1, der Leonore, der Bertha je 7, des Tell 9, des Melchthal 6 ꝛc. auf.

Wenn dieser Wechsel im Personal bei einem doch immer ansehnlichen festen Bestand, den Darstellungen dieses Theaters durch Zuführung immer neuer junger Kräfte eine wohlthuende Frische bewahrt und sie gegen den Einfluß einer zum Conventionellen führenden Bühnentradition schützt, so ist doch andrerseits nicht zu verkennen, daß ein gewisses Schwanken in dem Darstellungswerth einzelner Stücke und Rollen ganz unvermeidlich ist. Im Ganzen aber ist es der Leitung des Theaters gelungen, dasselbe nicht nur vor einem Rückgang zu bewahren, sondern es immer wieder neuen, glänzenden Zielen entgegenzuführen. Gerade im Augenblick verfügt es durch den Gewinn von Talenten wie Max Grube, Hilmar Knorr, Clotilde Schwarz, Amanda Lindner, im Verein mit dem hochbegabten Regisseur Paul Richard, der treuen Stütze des Hofrath Chronegk, von Emil Pückert, Leopold Teller, Karl Weiser, Wilhelm Arndt, Alexander Barthel, Romanus Hassel, Carl Görner, Alex. Otto, Olga Lorenz, Mathilde Wenzel, Maria Berg über eine Summe von Kräften, von denen, wie das neueste Berliner Gastspiel schon jetzt bestätigt hat, ganz außerordentliche Leistungen und Wirkungen zu erwarten stehen.

Das Gastspiel-Repertoire der Meininger.

Ebensowenig wie das Meiningen'sche Hoftheater und sein dramatisches Kunstprincip sich von der alten überlieferten Bühneneinrichtung losgesagt hat, ist dies von ihm in Bezug auf das Repertoire der alten Bühne geschehen. Es hat nicht den Anspruch auf eine ganz neue Form des Dramas erhoben, noch auch eine solche zu schaffen oder hervorzurufen beabsichtigt. Es war vielmehr zu zeigen bemüht, wie selbst noch Stücken des alten Repertoires, welche ihre Wirkung auf der Bühne eingebüßt zu haben schienen, neue und bedeutende Wirkungen abzugewinnen sind, wenn man sie nur lebensvoll darstellt. Indem es auf diese Weise berühmten älteren Stücken des ernsten idealen Dramas ein neues Leben auf der Bühne zu geben verstand, brach es zugleich für die neue Dichtung in dieser leider so sehr vernachlässigten und darniederliegenden Gattung Bahn. Da es den Meiningern bei diesen Mustervorstellungen vor Allem darauf ankommen mußte, ihr Princip zur Geltung zu bringen, so war es nicht nur wohl gethan, sondern geboten, vorzugsweise solche Stücke zur Darstellung zu wählen, die man allgemein kannte und deren Werth allgemein festgestellt war. Nur so war es für Jedermann möglich und leicht zu beurtheilen, wie sich ihre Darstellungen zu den Darstellungen anderer Bühnen verhalten und wie groß der Antheil ihrer Darstellungsweise an der Wirkung der Stücke ist. Nur bei Stücken von wirklichem und allgemein anerkanntem Werth war die Gefahr ausgeschlossen, daß die Beurtheilung der Darstellung unter der Wahl der Dichtung zu leiden hatte. Nicht minder löblich war es ferner, daß sie neben Stücken, in denen sie Gelegenheit fanden, die verschiedenen Mittel der Bühne zu glänzender Entfaltung zu bringen, auch solche Stücke zur Darstellung brachten, die sich durch große Einfachheit auszeichneten, um selbst noch bei ihnen die Vorzüge ihres Darstellungsprincips außer Zweifel zu stellen. Doch auch das neue Drama wurde von ihnen bei ihren Gastspielen berücksichtigt. Nichts würde demselben ja förderlicher geworden sein, als wenn es ihnen zu erweisen gelungen wäre, daß auch das neue und neueste ernste Drama höheren Styls, welches von der heutigen Bühne und dem heutigen Publikum meist so geringschätzig beurtheilt wird, größerer Wirkungen fähig sei. Diese Gattung, die einst den Vortritt am Theater besaß, der ihr noch heute gebührt, ist zum Stiefkind desselben geworden. Ein neues, ernstes Drama des höheren Styls wird meist nur gegeben, um schon bei der ersten Vorstellung vom Publikum gemieden und vom Theater, bei welchem der Werth eines Dichters nur noch nach der Ertragsfähigkeit seiner Werke geschätzt wird, nach drei bis vier Vorstellungen wieder fallen gelassen zu werden. Natürlich ist hier nicht von jener Unzahl Stücken die Rede, welche ein besseres Schicksal gar nicht verdienen, sondern von den besseren, guten, lebensfähigen Stücken der Gattung. d. i. von wahrhaft dramatischen Dichtungen. Es würde ja Thorheit sein zu verlangen, daß ein Theater, welches an seine Vorstellungen einen solchen Aufwand von Zeit, Kunst und Kosten setzt, wie das Meiningen'sche Hoftheater bei seinen Mustergastspielen dies alles an unwürdige Aufgaben verschwenden sollte. Das würde nicht nur gegen sein, sondern gegen das Interesse der Sache sein. Vielmehr ist eine sorgfältige, wohl erwogene Auswahl für beide Theile geboten. Wenn das Meiningen'sche Hoftheater diese Wahl, wie ich nicht zweifle, auch stets mit großer Ueberlegung getroffen hat, so ist es darin doch nicht immer gleich glücklich gewesen. Es hat weder mit Papst Sixtus V., noch mit Ibsen's Kronprätendenten, noch, wenn ich dieses Stück dem neuen Drama mit zurechnen darf, mit Otto Ludwig's Erbförster größere Erfolge erzielt. Es hat sich hierdurch, wie ich glaube, von weiteren Versuchen allzusehr abschrecken lassen, obschon die überraschend großen Erfolge, die es mit Lindner's Bluthochzeit und mit Fitger's Hexe errungen, es im Gegentheil dazu hätten aufmuntern sollen. Haben doch auch seine classischen Darstellungen nicht immer den gleichen Erfolg gehabt. Nach dieser Seite wird sich das Meiningen'sche Hoftheater noch immer große Verdienste erwerben können und es liegen ihm dazu nicht nur bedeutende, sondern wie ich meine, auch dankbare Aufgaben vor. Welch neuen Ruhm würde es sich z. B. dadurch erwerben, wenn es ihm gelänge, die Bühnenbedeutung eines Dichters, wie Friedrich Hebbel, ins volle Licht zu stellen, da einige seiner Hauptwerke, besonders seine Nibelungen, seine Agnes Bernauer, der mächtige Torso seines Demetrius, theils noch gar keine, theils eine nur unvollkommene Darstellung auf der Bühne gefunden haben. Das von dem Meiningen'schen Hoftheater auf seinen Gastspielen zur Darstellung gebrachte Repertoire, welches, wie ich schon darlegte, nur einen kleinen Theil, wenn auch die Blüthe seines Meininger Repertoires bildet, umfaßt bis jetzt 6 Stücke von Shakespeare, 2 von Molière, 1 von Lessing, 8 von Schiller, 1 von Goethe, 1 von Ifflund, 3 von Kleist, 1 von Byron, 1 von P. A. Wolff, 2 von Grillparzer, 1 von O. Ludwig, 1 von Björnson, 1 von Ibsen, 1 von Minding, 1 von Fitger, 1 von Ganghofer-Neuert, 1 von Gensichen. Ich werde dieselben jetzt hier in der Reihenfolge vorführen, in welcher sie bei den Gastspielen des Theaters erschienen sind.

Shakespeare's Julius Cäsar war dazu ausersehen worden, dieselben zu eröffnen. Er wurde am 1. Mai 1874 im Friedrich-Wilhelmstädtischen Theater zu Berlin zum ersten Male gegeben. Daß die Wahl eine treffliche war, geht aus der Zahl der Wiederholungen, 264, hervor, welche die höchste ist, welche die Meininger bis jetzt mit der Darstellung eines Stücks erreicht haben. — Shakespeare kannte auf seiner Bühne keinen Wechsel der Decoration, denn sie war decorationslos — er war sein eigener Decorationsmaler. Sein Drama ist nicht nur ganz dramatisch, sondern auch ganz malerisch. Er konnte den Schauplatz nach Bedürfniß verändern. Seiner Phantasie war hierin keine Schranke geboten. Für ihn gab es dabei die störenden Wirkungen decorativer Veränderungen nicht. Für die Meininger, welche auch von der äußeren Lage der Handelnden, von der Zeit und dem Ort der Handlung die bestimmteste und dabei immer die charakteristisch stimmungsvollste und malerischeste Au=

schauung zu geben beabsichtigen, war dagegen die Decoration, die scenische Ausstattung der Bühne eine Sache tiefster Erwägung. Da aber in so verwandlungsreichen Stücken, wie das vorliegende, der Zwischenvorhang, den sie zwar als Nothwendigkeit erachten, aber doch als nothwendiges Uebel empfinden, eine sehr große und störende Rolle gespielt haben würde, so nahmen sie darauf Bedacht, den Wechsel des Orts zu beschränken, ohne doch die Structur und Motivirung des Stücks, die Entwicklung der Handlung zu schädigen. Auch ist es ihnen mit Weglassung von nur einer kleinen Scene (der Scene zwischen den Triumvirn zu Anfang des 4. Akts) gelungen, die 18 Scenen des Julius Cäsar auf 7 zurückzuführen. Sie verlegten zu diesem Zwecke die drei Scenen des ersten Akts auf nur einen Schauplatz. Der Uebelstand, daß Cassius und Casca nun so rasch auf demselben Platze wieder zusammentreffen, wird durch den Eintritt der Nacht und den während ihr ausbrechenden Orkan vergessen gemacht. In sinnreicher Weise sind auch die 5 Scenen des letzten Akts wieder auf nur einen Schauplatz zusammengezogen, welcher Gelegenheit zu höchst malerischen Anordnungen giebt. Man glaubt hier ein Terrain von solcher Ausdehnung zu überschauen, daß die Gegenüberstellung der beiden Heere keineswegs mehr lächerlich erscheint. Die kleine, sich vor dem Hause des Brutus abspielende Scene am Schlusse des 2. Akts zwischen Artemidorus, Portia und Lucius, ist von den Meiningern mit richtigem Tact an den Anfang des 3. Aktes verlegt, die Schlußscene des 3. Akts, die Ermordung des Poeten Cinna, aber zwanglos mit der großen Forumscene verschmolzen worden. Ihre lebensvolle, vom Pulsschlag der Leidenschaft bewegte Darstellung läßt trotz der Länge des Stücks eine Ermüdung des Zuschauers nicht aufkommen. Der Charakter und Gang der Handlung gestatten nicht nur, nein sie fordern sogar, besonders bei ihrem Darstellungsprincipe, eine große Entfaltung von Comparserie. In einem Stück, in welchem die republikanische Sache und mit ihr das Volk eine so große Rolle spielt, wie in diesem, muß letzteres auch entsprechend vertreten sein, zumal hier gezeigt werden soll, in welcher verhängnißvollen Weise das vielköpfige Ungeheuer durch die Parteileidenschaft und den Ehrgeiz von einem Aeußersten zum Andern hin und her bewegt werden kann. Das Meiningen'sche Theater erregte mit diesen Volksscenen, welche geradezu ein theatralisches und dramatisches Ereigniß waren, einen Sturm der Bewunderung, wennschon die Kritik im Einzelnen noch manches auszustellen fand. Das ungemeine Regietalent des Theaters zeigte sich aber auch in allen einfacheren Scenen des Stücks. In jeder fühlte man sich ganz in den Zauberkreis der ihr entsprechenden Stimmung gebannt. Alles berührte und ergriff mit der Gewalt eines unmittelbaren, zur malerischen Anschauung gewordenen Erlebnisses. Damals spielte Nesper den Cäsar, Barnay Antonius, Hellmuth-Bräm Brutus, Auguste Setti die Portia. All diese Rollen sind inzwischen durch viele Hände gegangen. Antonius, der später von Nesper, Dettmer, Mitterwurzer, Robert und Drach gespielt worden ist, befindet sich heute in den Händen von Willy Felix. Brutus, nachdem er noch im Besitze von Nesper und Weiser gewesen, ist in den Wilhelm Arndts übergegangen. Jetzt spielt Weiser wieder den Brutus, Arndt ist in Reserve.

Das nächste bei demselben Berliner Gastspiel dargebotene Stück war Sixtus V. von Julius Minding (16. Mai 1874). Selbst ein beliebtes classisches Drama würde nach einem solchen Erfolge einen schweren Stand gehabt haben, zumal die Aufführungen des Julius Cäsar vor der Zeit abgebrochen worden waren und vom Publikum immer wieder verlangt wurden. Da das Minding'sche Stück nach der 4. Vorstellung für immer abgesetzt worden zu sein scheint, glaube ich eines nähern Eingehens darauf enthoben zu sein.

Die Behauptung der Gegner, daß die Meininger die nicht wegzuläugnende Wirkung des Shakespeareschen Römerdramas hauptsächlich der Ausstattung und tumultuarischen Massenentfaltung zu danken gehabt, konnte nicht besser und schlagender widerlegt werden, als durch ihre Darstellung von Shakespeare's Was ihr wollt, welche am 20. Mai 1874 folgte. Der Herzog wurde damals von Richard, Tobias von Hellmuth-Bräm, Junker Christoph von Chronegk, Malvolio von Raupp, der Narr von Teller, Olivia von Auguste Setti, Viola von Clara Haußmann und Marie von Fanny Weidt gegeben. Ich selbst habe von ihnen das Stück in einer Besetzung gesehen, die es zu einer ganz unvergleichlichen Darstellung machte. Adele Pauli gab die Viola, Marie wurde von Marie von Moser-Sperner gegeben. Hellmuth-Bräm, Chronegk und Teller waren noch im Besitz ihrer Rollen. Nie hatte bis dahin die Poesie, die Romantik, der

ausgelassene Humor dieser anmuthigen Dichtung eine so be=
zaubernde, durch und durch einheitliche und harmonische Aus=
führung auf der Bühne gewonnen. Einen Theil dieser Wirkung
hatte die Regie dadurch erreicht, daß es ihr gelungen war, die
meisten der wechselvollen Scenen des Stücks auf nur einen
eigens dazu eingerichteten Schauplatz zu vereinigen. Außer der
Scene bei Olivia im ersten Akte und der Scene bei Orsino im
zweiten, spielt alles auf einem Platz vor dem Hause Olivia's,
zu dem eine Freitreppe emporführt. Wie im Julius Cäsar hat
man sich auch in diesem Stück nur einige unbedeutende Kürzungen
und ein paar kleine Veränderungen erlaubt. Zu diesen gehört,
daß man das schöne Lied: Komm herbei, komm herbei Tod,
welches bei Shakespeare der Narr singt, Viola in den Mund
gelegt hat. Möglich, daß auch Shakespeare dies ursprünglich
wollte, da Orsino im Eingang der Scene diese selbst dazu auf=
fordert. Mit Recht lassen die Meininger die Geschwister von
zwei verschiedenen, doch ähnlichen Darstellern spielen. Freilich
ließ die Aehnlichkeit noch zu wünschen. Müßten wir sie aber
auch selbst für eine und dieselbe Person halten, so würde die
Täuschung, welcher wir die handelnden Personen des Stücks
unterliegen sehen, einen großen Theil ihrer satirisch-komischen
Wirkung verlieren. Das Stück hat bis jetzt 103 Wiederholungen
erlebt. Tobias wird nun von Weiser, Christoph von Görner,
der Herzog von Barthel, Olivia von Mathilde Wenzel, Viola
von Olga Lorenz und Marie von Clotilde Schwarz gespielt.
Den Narren giebt jetzt für Teller Wilhelm Arndt.

Als viertes Stück des ersten Berliner Gastspiels wurde am
23. Mai 1874 zum ersten Male Die Bluthochzeit von A. Lind=
ner gegeben. Dieses Stück hat 67 Wiederholungen erlebt. Mit
Erfolg auf starke realistische Effecte hinarbeitend, denen jedoch ein
dramatischer Kern zu Grunde liegt, bot es der Regie des
Meiningen'schen Theaters reiche Gelegenheit, für eine theatralisch
überaus wirksame Ausführung. Das historische, stimmungsvolle
Colorit ist von ihnen in jeder Scene aufs wunderbarste getroffen
worden. Das damalige Hofceremoniell wird von ihnen dabei
bis ins Kleinste durchgeführt. Man fühlt sich ganz unmittelbar
an den Hof und in die Zeit der ränkesüchtigen, glänzenden
Katharina von Medicis versetzt. Die Meininger treiben hier
in der schauerlichen Vergiftungsscene des letzten Akts den Realis=
mus allerdings so weit, daß sie sogar den Geruchsinn in Anspruch

nehmen. Im Uebrigen aber hält er sich durchaus in den
Schranken der Kunst. Die Wirkung des Stücks, welches damals
in Maria Berg (Katharina), Teller (Carl IX.), Barnay (Na-
varra), Hellmuth-Bräm (Coligny), Marie v. Moser-Sperner
(Margarethe) treffliche Darsteller hatte, wird jetzt in diesen
Rollen von Marie Berg, Weiser, Felix, Grube und Olga Lorenz
gespielt.

Es folgten am Abend des 9. Juni 1874 die erstmaligen
Darstellungen von Zwischen den Schlachten von B.
Björnson und von Der eingebildete Kranke von
Molière. Das kleine Björnson'sche Schauspiel, welches nur
16 Mal wiederholt und im Herbst 1880 ganz abgesetzt wurde,
behandelt einen Herzensconflict von zu innerlicher Natur, als
daß er auf der Bühne zu größerer Wirkung gelangen könnte,
zumal die verschlossene Wortkargheit der in ihrer Liebe gekränkten
Inga den Zuschauer zu lange im Unklaren läßt. Um so größer
und allgemeiner war der Beifall, welchen die Darstellung der
Molière'schen Farce errang. Daß dieses in vieler Beziehung
schon veraltete Stück 79 Aufführungen nöthig machte, ist ein um
so größerer Triumph des Meiningen'schen Theaters, als es
diesen Erfolg lediglich dem lebensvollen Spiele verdankt. Die
Meininger haben sich insofern an die heutige Darstellung des
Stücks auf dem Théâtre français gehalten, als sie wie dieses
die balletartige pastorale Umrahmung, die ihnen Molière, dem
Geschmack seiner Zeit, b. i. seines königlichen Herrn entsprechend,
gegeben, fallen ließen und die drei Akte des Stücks, ohne den
Vorhang zu schließen, zur Darstellung bringen. Ein kurzes,
stummes, der dargestellten Handlung entsprechendes Zwischenspiel
bildet die Ueberleitung von Akt zu Akt. Nach dem ersten Akte
tritt Toinette auf, um Argan's Bett zu machen und das Zimmer
in Ordnung zu bringen. Nach dem zweiten Akt erscheint ein
komischer Diener, welcher das Zimmer ausräuchert. Es versteht
sich, daß Bett und Lehnstuhl des eingebildeten Kranken besonders
bedacht werden. Diese Art stummer Zwischenspiele war zuerst
von Beaumarchais in seiner Eugénie zur Anwendung gebracht
worden. Im Uebrigen waren die Meininger bestrebt, Alles bis
ins Kleinste im Charakter der Zeit, in welcher das Stück ge-
schrieben worden und auf welche die Satire desselben gerichtet
ist, darzustellen und ihm ein ganz bestimmtes historisches Colorit
zu geben. Der Zuschauer wird hierdurch auf den allein richtigen

Standpunkt der Betrachtung gestellt. Zwar scheinen Kunstwerke, welche ganz aus dem Bedürfniß, den Sitten und dem Geschmack ihrer Zeit entspringen oder diese doch schildern, zunächst keinen bestimmten historischen Charakter zu haben. Dies ist aber nur scheinbar. Je weiter der spätere Betrachter derselben von der Zeit ihres Entstehens entfernt ist, desto mehr und bestimmter tritt der Charakter dieser letzteren aus ihnen hervor, desto mehr gewinnt auch das Werk einen bestimmten historischen Charakter, der ihnen nun noch einen ganz besondren ästhetischen Reiz verleiht. Die Scene des Stücks bei den Meiningern stellt das Zimmer eines behäbigen Mannes im Rococogeschmack der Molière'schen Zeit dar. Es geht vielleicht etwas zu sehr über den Geschmack des geschmacklosen Argan hinaus, allein für Leute seiner Art haben immer diejenigen Geist, Geschmack und Kenntnisse, die man dafür bezahlt. Jedenfalls bildet das Zimmer einen trefflichen, charakteristischen und malerischen Hintergrund für die burlesken Scenen, die sich aufs lebensvollste darauf abspielen und eine fortlaufende Reihe der charakteristischsten Bilder darbieten. Weilenbeck spielte den Argan, Adele Pauli die Angélique. Die kleine Godeck excellirte als Louison, Hassel und Chronegk brachten die beiden Diafoirus zu erheiternster Wirkung. Toinette, ursprünglich Fanny Weidt, wurde später durch Marie von Moser-Sperner trefflich gegeben.

Mit Shakespeare's Kaufmann von Venedig wurde dieses denkwürdige erste Berliner Gastspiel beschlossen. Er kam am 12. Juni 1874 zu erstmaliger Aufführung. Kaum von einem andern Stücke würde man nach dem, was das Meiningen'sche Theater bisher geleistet, größere Erwartungen zu hegen berechtigt gewesen sein, als von diesem ganz in Poesie und Farbe getauchten, wunderbaren Drama. Vielleicht war es grade die Stärke dieser Erwartung, welche eine gewisse Enttäuschung hervorbrachte. Etwas trug aber auch dazu bei, daß die Meininger geglaubt hatten, den Vorgang in eine Zeit zurück verlegen zu sollen, in welcher Venedig auch baulich zum Theil noch einen alterthümlicheren Charakter gehabt hatte. So ließen sie die große Gerichtsscene nicht in dem heutigen Dogenpalaste, sondern in einem andren, alterthümlicheren Gebäude spielen. Mit dem Namen Venedig verbindet sich aber bei dem heutigen Zuschauer eine so bestimmte Vorstellung, daß sie sich nur schwer durch eine andre verdrängen und ersetzen läßt. Wichtiger aber

noch war, daß die Hauptrolle nicht die genügende Besetzung ge=
funden hatte, um mit den Eindrücken, welche große Darsteller
in allen bedeutenden Städten darin hinterlassen, glücklich wett=
eifern zu können. Der blinde Weilenbeck, welcher nur eben als
Argon sich großen Beifalls erfreut hatte, war schon durch dieses
Gebrechen an der dazu nöthigen Freiheit der Bewegung be=
hindert. Der Kaufmann von Venedig erlebte daher bis 22. Nov.
1881 nur 15 Vorstellungen. Er ist bis zum vorigen Jahre
abgesetzt, nun aber in ganz neuer und weit glänzenderer Aus=
stattung mit Carl Weiser als Shylock und Olga Lorenz als
Portia neu aufgenommen worden. In dieser Besetzung wurde
er in kürzester Frist noch 11 Mal wiederholt und fand nun
den lebhaftesten Beifall. Jetzt spielt Grube alternirend mit Weiser
den Shylock.

Das Jahr 1876 brachte mit dem zweiten Gastspiel der
Meininger im Friedrich=Wilhelmstädtischen jetzt Deutschen
Theater in Berlin auch wieder eine Reihe von Novitäten.
Die Hermannsschlacht, Esther, die gelehrten Frauen und die
Verschwörung des Fiesco erschienen.

Die Hermannsschlacht von H. von Kleist mit Benutzung
der Bearbeitung von Rud. Genée wurde am 16. April 1875
zum ersten Mal aufgeführt. Der Erfolg war ein überaus
glänzender, wie schon allein die 83 Wiederholungen, die bis
Ende 1883 nöthig wurden, beweisen. Man gab diese Dichtung
in fast unverletzter Gestalt. Fast keine der Ausschweifungen
einer durch die Tendenz des Tages erhitzten Phantasie, an denen
dieses leidenschaftlich patriotische Stück so reich ist, wurde dem
Zuschauer von ihnen erlassen. Man sollte es eben ganz in der
ursprünglichen Zeitfarbe sehen. Die Eigenthümlichkeit des Dichters
sollte in ihrer ganzen Unmittelbarkeit und Stärke daraus hervortreten. Nach der ungewöhnlichen Wirkung, welche dasselbe bei
einer so malerisch realistischen Ausführung und machtvollen Darstellung, wie die ihre, selbst heute noch ausübt, läßt sich er-
messen, wie groß diejenige gewesen sein müßte, welche es zu des
Dichters Zeit unter ähnlichen Verhältnissen gehabt haben würde,
wenn man es darzustellen damals gewagt hätte. Denn kaum
noch von einem andren neuen Dichter ist der Bühne aus einem
im Grunde edlen und mächtigen, aber mit niederen Motiven
vermischten Pathos so Gräßliches in so lebendiger, aufregender
Darstellung zugemuthet, nie aber ist es wie hier von irgend

einer Bühne mit so realistischer und doch ganz poetischer Kraft und Gluth der Farbe zur Ausführung gebracht worden. Ich hebe aus dieser Alles mit sich fortreißenden Darstellung nur die großartige Wirkung des Durchzugs des römischen Heeres durch Cheruska, die im unheimlichen Flüsterton ausgeführte schauerliche nächtliche Scene mit der geschändeten Hally und die ganz vom tragischen Verhängniß durchleuchteten Nachtscenen im Teutoburger Walde hervor. Hermann wurde damals von Nesper, Thusnelda von Agnes Resener, Marbod von Hellmuth-Bräm, Varus von Teller, Bentibius von Rinald, Hally von Adele Pauli gespielt. Heute sind diese Rollen mit Knorr, Olga Lorenz, Grube, Teller, Barthel und Mathilde Wenzel besetzt.

Die Aufnahme des dramatischen Fragmentes Esther von Grillparzer war ebenfalls eine überraschend glänzende. Es kam am 27. April 1875 zu erstmaliger Aufführung und wurde bis heute 75 Mal wiederholt. Das fremdartige Kolorit der Dichtung, die ungewöhnliche Kraft und Eigenart der darin auftretenden Charaktere, die dramatische Gewalt einzelner Situationen — dies alles mochte die Meininger zugleich mit dem Hinblick auf Wien, das man in diesem Jahre ebenfalls zu besuchen gedachte, zur Wahl dieses Bruchstückes bestimmt haben. Die Darstellung war eine musterhafte. Eine in zeitlicher und räumlicher Ferne liegende, untergegangene Welt trat dem Beschauer im vollen farbigen Glanz ihrer einstigen Größe, phantasievoll fesselnd, berauschend daraus entgegen. Sie zeichnete sich noch besonders durch würdevolle Ruhe in der Bewegung aus, denn in Bewegung, in durchaus charakteristischer und dabei malerischer Bewegung war alles in diesem Zusammenspiele. Nesper als König, Teller als Haman, Hellmuth-Bräm als Mordachai und Marie von Moser-Sperner als Esther machten sich besonders verdient um diesen Erfolg.

Das Stück wurde an demselben Abend mit Molière's Gelehrte Frauen gegeben, die von den Franzosen noch heute besonders geschätzt werden. Trotz der lebendigen Darstellung, welche dieses Lustspiel bei den Meiningern fand, vermochte es das deutsche Publikum aber doch nicht recht an sich zu fesseln. Das Veraltete machte sich hier ungleich mehr fühlbar, als in Molière's Eingebildetem Kranken; vielleicht weil die noch so lebendige Darstellung einer Satire auf die Gespreiztheit des Modetons einer längst entschwundenen Zeit nur noch bei Wenigen ein tieferes Interesse erregen kann. Man konnte es nicht über 26 Vorstellungen hinausbringen. Gespielt wurde wieder aufs Trefflichste: Romanus Hassel (Chrisal), Maria Berg (Philaminte), Marie v. Moser-Sperner (Armande), Adele Pauli (Henriette), Stoppenhagen (Arist), Richard (Clitandre), Chronegk (Trissotin) vereinigten sich zu dem glücklichsten Zusammenspiel.

Die Verschwörung des Fiesco von Schiller, am 8. Mai 1875 zum ersten Male aufgeführt, bildet einen der vielen Glanzpunkte des Meiningen'schen Repertoires und hat bis jetzt nicht weniger als 137 Wiederholungen nöthig gemacht. Man hat schon immer an Schiller den tiefen, gleichsam divinatorischen Blick für das Bühnenwirksame bewundert. Es beruht zum Theil auf der durchaus malerischen Phantasie dieses Dichters, dessen dramatische Gestaltungen ihm immer in voller sinnlicher, scenischer Gegenwart vor Augen gestanden zu haben scheinen. Ueberall in seinen Dichtungen zeigen sich Merkmale dafür. In jeder derselben finden sich noch überdies mehr oder minder bestimmte darauf bezügliche Vorschriften und Andeutungen. Was hatte wohl Schiller in der Klausur der Karlsschule vom Leben und von der Bühne gesehen? Und doch, in welchem hohen Maße wurde von ihm in Bezug auf Beide schon hier die Erfahrung anticipirt! Von allen seinen Werken setzt hierin besonders Fiesco in Staunen, der in dieser Hinsicht nur noch von Wilhelm Tell übertroffen wird. Und doch, welche Phantasie gehörte wieder dazu, dem Fluge der seinen zu folgen und die mannichfach verstreuten Merkmale und Andeutungen des Dichters überall zum festen Bilde zu gestalten! Der Herzog von Meiningen besaß diese Phantasie. Kein Wunder, daß er sich vorzugsweise die Dichtungen dieses Dichters zur Entfaltung seines eignen Talentes gewählt. Fiesco war selbst für diejenigen überraschend, welche die früheren Aufführungen seines Theaters sämmtlich gesehen. Gleich die erste Scene wirkt in ihrer reichen, glänzenden, phantasievollen Fülle berückend. Alles ist malerisch und das Malerische durchaus der poetischen und historischen Lage entsprechend, charakteristisch und stimmungsvoll. Man hätte geglaubt, daß die folgenden einfacheren Scenen des Stückes gegen diese ersten Scenen zurücktreten würden. Welchen Eindruck übte aber gleichwohl die äußerlich einfache Scene bei Verrina aus. Welche Kraft, welcher Charakter der Farbe und Stimmung, welche Wahrheit des dramatischen Ausdrucks! Und so brachte jede

Scene ihre eigenthümlichen überraschenden Schönheiten, die Scene mit dem Mohren, wie die mit den aufrührerischen Bürgern, mit Romano und den Verschworenen, vor allem aber die Scene im Schloßhof bei Fiesco und die auf nur einen Schauplatz zusammengezogenen Scenen des letzten Aktes. Das viele Kommen und Gehen bringt hier zwar einige Unruhe hervor, was aber war für die Spannung des Actes gewonnen! Im Uebrigen hatte sich die Regie nur einige unwesentliche Kürzungen, doch keine tieferen Eingriffe in die Structur der Handlung erlaubt. Josef Nesper vereinigte die wesentlichen Eigenschaften für die Hauptrolle. Er brachte ebenso die Geschmeidigkeit und Eleganz des Cavaliers, wie die Verschlagenheit und den Tiefblick des ehrgeizigen Politikers zur Anschauung und auch der dieser Gestalt vom Dichter verliehene ideale Zug einer edel und groß angelegten Natur fehlte ihm nicht. Eine gewisse Ungleichheit, die sein Spiel anfangs zeigte, hat er später ganz zu überwinden vermocht. Nicht minder trefflich war Hellmuth-Bräm als Verrina, auch Leopold Teller als Muley Hassan war schätzenswerth und Adele Pauli als Bertha von poetisch-ergreifender Wirkung.

Die Gastspiele des Jahres 1876 wurden ebenfalls wieder im Friedrich-Wilhelmstädtischen Theater in Berlin und zwar mit Käthchen von Heilbronn eröffnet. Der Erbförster, Wilhelm Tell, die Kronprätendenten und Macbeth folgten als weitere Novitäten. Für Kleist's Käthchen von Heilbronn ist ebenfalls wieder einer der glänzendsten Erfolge zu verzeichnen. Es gelangte am 1. Mai 1876 zur erstmaligen Aufführung und erlebte bis Ende 1886 83 Vorstellungen. Auch ward es bei dieser Gelegenheit zum ersten Mal in der ihm ursprünglich vom Dichter verliehenen Gestalt gegeben. Das Vorurtheil, welches dieses Stück wie so viele andere für bühnenwidrig erklärt und zu so vielen Verstümmelungen dichterischer Werke willkommene Veranlassung gegeben hatte, wurde hierdurch auf das Glänzendste widerlegt. Die Meininger schreckten vor keiner Ungeheuerlichkeit der Kleist'schen Romantik zurück, um die Unverletzbarkeit der Dichtung zu wahren; man gab sie mit ihren Schwächen und mit ihren Schönheiten, in dem richtigen Gefühl, daß beide mehr als man gewöhnlich annimmt zusammenhängen. Obschon man von der Zusammenziehung mehrerer Scenen auf einen Schauplatz hier nur eine beschränkte Anwendung machen konnte (die 16 Scenen des Stückes wurden auf 13 zurückgeführt), so gelang es der lebensvollen Darstellung doch), die störenden Unterbrechungen des Zwischenvorhangs vergessen zu machen und die Zuhörer bis zum Schlusse zu fesseln. Nesper war ein glänzender Wetter vom Strahl, Abele Pauli zählte das Käthchen neben Viola zu ihren gefeiertsten Rollen. Auch Hellmuth-Bräm (Friedeborn) und Hassel (Gottschalk) griffen in hervorragender Weise in das treffliche, malerisch glänzende Zusammenspiel aller Uebrigen ein. Gegenwärtig ist Hilmar Knorr im Besitze des Wetter vom Strahl und Clotilde Schwarz in dem der Titelrolle.

Die am 15. Mai 1876 folgende Vorstellung des Erb<u>förster</u> von Otto Ludwig hatte nicht den erhofften Erfolg und kann, da das Stück schon nach der zweiten Vorstellung bis heute vom Gastspielrepertoire der Meininger abgesetzt worden ist, hier im Uebrigen wohl übergangen werden. Um so glänzender verlief der Schiller'sche <u>Wilhelm</u> Tell, welcher am 18. Mai desselben Jahres folgte. Auch dieses umfangreiche Drama wurde nur mit geringen Kürzungen und Abweichungen gegeben. So bildet z. B. die Rede des Pfarrers bei ihnen den Schluß der Rütliscene, wodurch diese einen noch bedeutenderen Abschluß gewinnt. Die Naturtreue und malerische Schönheit, welche man von jeher an dieser Dichtung bewundert hat, umsomehr als Schiller die Schweiz nie gesehen, stellte dem Meiningen'schen Theater eine ebenso große, wie glänzende und dankbare Aufgabe. Realistische Treue und decorative Großartigkeit war ihnen hier ja vom Dichter selbst ausdrücklich zur Vorschrift gemacht. Mehr noch als in Julius Cäsar war in diesem Drama eine bedeutende Massenentfaltung geboten, da hier mehr noch als dort das Volk eine Rolle, ja neben dem Titelhelden die zweite Heldenrolle des Stückes, spielt. Die Vorstellung der Meininger würde, wenn Schiller gelebt hätte, seinen Beifall sicher gefunden haben. Alle seine Angaben und Vorschriften sind von ihnen auf das Gewissenhafteste, Großartigste und in durchaus künstlerischer Weise erfüllt worden. Gespielt wurde damals die Titelrolle von Ludwig Barnay, Stauffacher von Hellmuth-Bräm, Melchthal von Aloys Prasch, Geßler von Teller, Attinghausen von Weilenbeck. Gegenwärtig sind diese Rollen in dem Besitze von Hilmar Knorr, Max Grube, Willy Felix, Teller und Paul Richard. Das Stück hatte 184 Wiederholungen, eine der höchsten der bis jetzt erreichten Zahlen.

Da die am 3. Juni 1876 folgenden <u>Kronprätendenten</u>

von Ibsen schon nach sieben Wiederholungen, die sie nötig gemacht, vom Gastspielrepertoire der Meininger verschwanden, so darf ich mich eines weiteren Eingehens hier wohl ebenfalls wieder enthalten. Ebenso rasch ist man hierin gegen Shake= speare's Macbeth verfahren, der, am 12. Juni dieses Jahres zu erstmaliger Aufführung gekommen, schon nach der 10. Vor= stellung wieder abgesetzt worden ist. Die kühle Aufnahme, welche diese Darbietung erfuhr, die dem Regietalent der Meininger doch eine so große und dankbare Aufgabe stellte, läßt sich wohl nur daraus erklären, daß die beiden Hauptrollen des Stückes Darsteller von wahrhaft genialer Begabung ver= langen und weder Hellmuth=Bräm, noch Marie von Moser= Sperner trotz ihres großen Talents diesen Anforderungen völlig entsprachen. Es ist zu hoffen, daß die Meiningen'sche Regie unter günstigeren Verhältnissen auf diese großartige Dichtung zu= rückgreift und vielleicht ist diese Zeit schon gekommen.

Das Jahr 1877 brachte als Neuheit einzig die Iffland'= schen Jäger. Sie wurden am 27. Mai 1877 in Cöln zum ersten Mal aufgeführt, aber schon nach der zweiten Vorstellung abgesetzt.

Um so fruchtbarer erwies sich das Jahr 1878, welches gelegentlich ihres Gastspiels im Friedrich=Wilhelmstädtischen Theater zu Berlin: die Räuber, den Prinz von Homburg, das Winter= märchen und die Ahnfrau als Novitäten brachte.

Schiller's Räuber, am 1. Mai 1878 zum ersten Male von ihnen gegeben, erzielten einen ganz außerordentlichen Erfolg. Die Meininger hatten wieder zurück auf die erste Bühnen= bearbeitung des Dichters und zu dem Costüm seiner Zeit ge= griffen. Hier lagen ja doch zum Theil die Voraussetzungen der Handlung des Stücks. Nur einige Milderungen des Ausdrucks und einige Kürzungen waren beliebt worden. Die größte bestand darin, daß von der zweiten Scene zwischen Karl und Amalia im Garten abgesehen worden war. Die Totalwirkung war eine ungemein frische, lebensvolle, mit sich fortreißende. Den Karl spielte Josef Nesper, den Franz Gustav Kober, Schweitzer Hellmuth= Bräm, die Amalia Maruska Bittner. Heute sind diese Rollen in den Händen von Willy Felix, Carl Weiser, Alexander Otto und Olga Lorenz. Weiser zählt die Rolle des Franz zu seinen glänzendsten Leistungen.

Die großen Erfolge, welche die Meininger mit Kleist's

Hermannsschlacht und Käthchen errungen, hatten ihren Blick auf dessen **Prinz von Homburg** gelenkt, welcher am 11. Mai zu erstmaliger, ebenfalls sehr erfolgreicher Aufführung kam und im Ganzen bis December 1881 38 Vorstellungen erlebte, die leicht hätten gesteigert werden können, da das Stück nicht überall aufgeführt worden ist — ein Umstand, der auch bei mehreren anderen ihrer Darbietungen zu berücksichtigen bleibt. Die phantastisch-poetische Umrahmung des Stückes, welche die Handlung wie einen furchtbar schönen, aber krankhaften Traum erscheinen läßt, aus welchem der Held zu voller Gesundheit erwacht und seelisch geläutert hervorgeht, sowie das historische Colorit des halb im Felde, halb bei Hofe spielenden Stücks mochte noch besonders angezogen haben. Es lagen für die Regiekunst hier in der That verlockende Aufgaben vor. Auch ist das Geleistete allgemein anerkannt worden: der malerische Stimmungsreiz der großen Scene, in welcher die Schlachtordnung festgestellt wird, das kriegerische Leben des dem Angriff vorausgehenden Auftritts, der mächtige Eindruck der durch die Uebergabe der eroberten Fahnen eingeleiteten Situationen und besonders die Scenen des letzten Akts. Die historische Treue, mit welcher das militärische Wesen und das Hofceremoniell einer bedeutenden Epoche der vaterländischen Geschichte zu lebensvollster Anschauung gebracht worden war, erregte ebenfalls große Bewunderung. Der Churfürst wurde durch Nesper, Kottwitz durch Hellmuth-Bräm, der Prinz durch Josef Kainz, die Prinzessin durch Adele Pauli zu vorzüglichster Darstellung gebracht.

Shakespeare's Wintermärchen, am 22. Mai 1878 zum ersten Male dargestellt und bis jetzt 197 Mal wiederholt, gehört nach meinem Gefühl und Urtheil zu dem Vollendetsten, was das Meiningen'sche Theater geschaffen. Schon Franz Dingelstedt hatte, und nicht ohne Erfolg, den Versuch gemacht, diese wundersame Dichtung dem deutschen Bühnenrepertoire zu gewinnen, obschon sie in gewissem Sinne der dramatischen Darstellung widerspricht, ein Widerspruch, welcher mit den übrigen Widersprüchen der Zeit und des Ortes, welche sie darbietet, nur in dem märchenhaften Charakter des Stückes seine Auflösung findet. Dingelstedt glaubte diesen letzteren vielleicht mit Hilfe der Musik und des Ballets noch stärker hervortreten lassen zu können. Shakespeare und Flotow, das war freilich ein neuer und nicht blos anachronistischer, sondern prinzipieller Widerspruch und vielleicht das Aeußerste, was ein neuerer Bearbeiter des großen britischen Dichters seinem Genius zu bieten gewagt hat. Gleichwohl hat diese Bearbeitung nicht nur im Theater, sondern auch in der Presse viel Beifall gefunden. Die Meininger aber lieferten den Beweis, daß die Dichtung bei einer dem poetischen Geiste und der malerischen Stimmung derselben entsprechenden Darstellung auch allein durch sich selbst zu wirken vermöge. Sie gaben dieselbe in möglichster Treue mit nichts als den heutigen Mitteln des Schauspiels, doch freilich mit dem ihnen eigenen Geiste, der diese Mittel im Sinne der Dichtung zu ergreifen und zu verwenden versteht. Es ist wohl nicht zu viel gesagt, daß ihre Darstellung dieses Dramas eine von der lichtvollsten Schönheit umflossene ist, daß man darin ganz unter dem poetischen Zauber einer märchenhaften, aber sinnvollen Romantik steht, von welcher man bald auf den von der Geschichte geweihten Boden der italischen Vorzeit, bald in ein wundersames Schäferland versetzt, bald durch tragische Schicksale ergriffen, bald durch hier anmuthige, dort tölpelhafte Scherze erheitert wird, bis jene in diesen ihre beruhigende Auflösung finden. Gleich die erste Scene ist von ergreifender Schönheit. Ihr reiht sich die anfangs so liebliche Scene bei Hermione an, aus deren Scherzen die Keime der Tragik sich drohend entwickeln. Unheimlich fühlt man sich dann von den von düsterer Abendgluth umleuchteten Vorgängen bei Leontes ergriffen, in welcher ersterer seine dunkle Leidenschaft sich ebenso spiegelt, wie seine ungeheuerlichen Absichten in den grauenvollen Göttergestalten, welche von den Wänden des Zimmers unheilverkündend herabblicken. Die dann folgende Scene vor dem auf offenem Markte tagenden Gerichtshof ist in der phantasievollen Eigenthümlichkeit ihrer Ausführung eine der denkwürdigsten dieses Theaters. Wohl war zu fürchten, daß nach Eindrücken von so großer dramatischer und malerischer Gewalt die ländlichen Bilder des Schafschurfestes keine besondere Wirkung hervorzubringen im Stande sein würden. Die Darstellung desselben aber sollte aufs Angenehmste enttäuschen. Ich rechne diese Scenen zu dem Anmuthigsten, was ich in dieser Art auf der Bühne gesehen. Der Chorus der Zeit, welchen die Meininger, wie vorgeschrieben, beibehalten haben und der bei ihnen in schöner Frauengestalt, phantasievoll auf der Erdkugel im freien Raum schwebend erscheint, bildet die Ueberleitung zu den durch ein Menschenalter getrennten gegensätzlichen Bildern, die sich in der

reizvollsten und dabei doch ganz naturwüchsigen Weise mit ihrem
Liebesidyll, ihren Tänzen, Scherzen und Tölpeleien entfalten.
Auch bei diesem Stücke hatten die Meininger sich nur geringe
Veränderungen erlaubt. Der Chorus war von ihnen mit Recht an
den Anfang des 4. Aktes verlegt worden. Die kleine Scene
zwischen Cleomenes und Dion im 3. Alte erscheint zum Theil
mit zum zweiten gezogen. Eine Kürzung hat die zweite Scene
des 5. Aktes und der Schluß desselben erfahren. Den Leontes
gab ursprünglich Josef Nesper, später in vorzüglicher Weise Emil
Drach und Carl Weiser, den Florizel Joseph Kainz, jetzt Alexander
Barthel, den alten Schäfer Romanus Hassel, den Rüpel Carl
Görner, den Autolykus früher Hellmuth-Bräm, jetzt Wilhelm
Arndt, die Hermione früher Maruska Bittner, später besonders
gut Anna Haberland und Olga Lorenz, die Perdita früher Adele
Pauli, jetzt Mathilde Wenzel.

Die Wiederaufnahme der Grillparzer'schen Ahnfrau,
welche am 8. Juni 1878 zur erstmaligen Aufführung kam, ist
von Vielen, wenn nicht für eine Geschmacksverirrung, so doch
für ein bloßes theatralisches Experiment und Kunststück erklärt
worden, und es ist nicht zu leugnen, daß der hierin liegende
Vorwurf theilweise berechtigt ist. Auf den Geschmack werden die
Meininger mit dieser Vorstellung wohl nicht eben fördernd ein-
gewirkt haben, obschon sie in vieler Beziehung eine musterhafte
war. Andrerseits bleibt aber doch zu berücksichtigen, daß
diese verrufene Dichtung in unserer dramatischen Litteratur
eine nicht unbedeutende Stellung einnimmt, da sie nicht nur das
vielversprechende Erstlingswerk eines unserer bedeutendsten Drama-
tiker ist und in der logischen Geschlossenheit ihres dramatischen
Aufbaus fast alle anderen Werke dieses Dichters übertrifft, sondern
zugleich den Höhepunkt einer dramatischen Richtung bezeichnet, die,
wenn sie auch eine Verirrung war, doch Epoche in der Entwickelung unseres Dramas und unserer poetischen Litteratur überhaupt gemacht hat. Das Schicksalsdrama ist nicht nur das
Product einer Moderichtung, es liegt ihm eine tiefere Bedeutung
zu Grunde. Seine Entstehung hängt mit den Erörterungen zusammen, welche im vorigen Jahrhundert über den Begriff des
Tragischen angestellt worden sind. Man wollte diesem Begriff
nun auch eine praktische Anwendung geben. Dies mußte bei
Schiller, der sich dabei mehr an die Alten hielt, freilich zu einem
wesentlich anderen Ergebniß führen als bei Tieck, Kleist und den

übrigen Romantikern, die anfangs mehr unter dem Einfluß volks=
thümlicher, mittelalterlicher Vorstellungen und später unter dem
des spanischen Dramas standen. Eine Wechselwirkung fand nichts=
destoweniger zwischen beiden Richtungen statt, wie ja der Sternen=
glaube im Wallenstein und das Wunderbare in der Jungfrau
von Orleans romantischen Charakters sind und auf mittel=
alterliche Vorstellungen zurückweisen. Bei den meisten tragischen
Dichtungen blieb die Schicksalsidee fast nur im Hintergrunde
der Handlung. Bei anderen wurde sie zur Hauptsache gemacht.
„Blunt oder der todte Gast" von Ph. Moritz wird gewöhnlich
als ältestes dieser eigentlichen Schicksalsdramen bezeichnet. Die
Engländer hatten deren schon früher. Der große Erfolg, den
Zacharias Werner mit seinem auf Goethe's Rath Lillo's fatal
curiosity nachgedichteten „Neun und zwanzigsten Februar" er=
zielte, rief natürlich viele Nachahmungen hervor, unter denen
nun eben die von dem Studium der spanischen Dichter angeregte
„Ahnfrau" die bedeutendste und in ihrer Art auch wahrhaft
bedeutende ist. Es würde schwer zu begreifen sein, wie
eine genial angelegte Jünglingsnatur ihr poetisches Ideal gerade
in einem solchen Stoff zu verwirklichen suchte, wenn nicht doch
wieder die Liebe das ebenso machtvolle, wie unheimliche Pathos
des Stückes bildete, insofern der Dichter den von den Dra=
matikern aller Nationen so vielfach aufgeworfenen Conflict der
Geschwisterliebe zum Mittelpunkte der finsteren, gewaltsamen
Tragik desselben gemacht hat. — Gegen den Geist des alten
Hamlet ist freilich Grillparzer's Ahnfrau ein sehr klägliches
Gespenst, das aber bei dem zu jener Zeit noch immer in den
Köpfen spukenden Aberglauben selbst mit den damals noch
dürftigen scenischen Mitteln dem Zuschauer einen Schauder
auf die Haut zu treiben und hysterische Frauen mit Ohn=
machten und Krämpfen zu bedrohen vermochte. Auch hatten
die Meininger sich nicht getäuscht, daß bei den jetzigen so ge=
steigerten Hilfsmitteln der Bühne und der ihnen eigenen Kunst
der Verwendung, dieses Stück selbst in unserer freigeistigen Zeit
seine Wirkung noch immer ausüben werde. Ein Rest des alten
Aberglaubens sitzt eben in den Gemüthern noch fest. Andere
waren auch neugierig zu sehen, was unsere Großeltern einst so ent=
setzlich gruseln gemacht. Und endlich hatten die Meininger das
alte Gespenst mit solcher theatralischen Zuspitzung, zugleich aber
auch mit so feiner Discretion aus dem Grabe gezogen, daß es

in der That eine ganz unwiderstehliche Wirkung ausübte. Der gleichsam selbst mit aus dem Grabe hervorbringende Luftzug, welcher bei ihnen, die Lichter der Scene verlöschend, mit unheimlichem, durch alle Nerven gehenden Tone es ankündigt, das vom fahlen Strahle des Mondes gestreifte, langsam seinem Opfer sich nähernde und es dem unentrinnbaren Verderben weihende Gespenst endlich selbst, machen auch noch heute bei vielen der Zuschauer den Puls plötzlich stocken. Indessen würde all dieser Zauber des sich zwischen Talg- und Mondlicht abspielenden Stückes nicht hinreichen, das Publikum drei Stunden zu fesseln, ohne die dramatische Kraft, die dieser Dichtung doch eigen und die in ihrer Einfachheit so überaus wirkungsvolle Darstellung. Hellmuth-Bräm gab anfangs den Grafen, Joseph Nesper den Jaromir, Maruska Bittner die Bertha. Das Stück hatte 22 Wiederholungen.

Die Meininger hätten nach diesem großen, aber zu heftigen Widersprüchen auffordernden Erfolg ihr Princip nicht glänzender rechtfertigen können, als durch die Darstellung unsrer vielleicht größten tragischen Dichtung: Der Wallensteintrilogie. Gleichwohl geschah es erst nach längerer Pause und auch dann noch verzögert. Erst am 18. Mai 1881 wurde von ihnen in Bremen das Vorspiel: <u>Wallenstein's Lager</u> zu erstmaliger Aufführung gebracht. Nie hatte bis dahin die Bühne von dieser Dichtung eine so lebensvolle Anschauung dargeboten. Das aus allen Ländern Europa's zusammengeströmte, buntgewürfelte, um die Fahne des Friedländers sich schaarende Heer schien wieder lebendig geworden zu sein. Vorn unter Bäumen die Zelte und Buden der Marketender, dazwischen der Einblick in eine malerisch aufsteigende Zeltgasse; Gruppen von Kriegsleuten der verschiedensten Nationen und Trachten, sitzend, liegend, am Boden oder auf Tonnen und Trommeln hockend, zechend, würfelnd, mit Dirnen liebelnd und kosend, schwatzend, streitend, sich raufend — das bunteste, wildbewegteste und doch künstlerisch beherrschte Bild, das sich denken läßt und in dessen Mitte die Vorgänge des Stückes sich aufs Zwangloseste abspielen. Die Zahl der 130 Wiederholungen, die dasselbe in nicht ganz 6 Jahren auf diesen Gastspielreisen erlebt hat, spricht allein für die Wirkung. Die ursprünglichen Darsteller waren: Richard (Wachtmeister), Hassel (Trompeter), Wilhelm Arndt und Julius Nollet (die beiden Jäger), Josef Nesper und Fritz Feldner (die beiden

Kürassiere), Emil Pückert (Bauer), Leopold Teller (Kapuziner), Emma Habelmann (Marketenterin).

Bedeutender noch waren die Darstellungen von Die Piccolomini und von Wallensteins Tod, welche ein Jahr später, am 22. und 23. April 1882, erstmalig zu Berlin im Friedrich-Wilhelmstädtischen Theater stattfanden. Die Piccolomini haben bis jetzt 115, Wallensteins Tod 104 Wiederholungen nöthig gemacht. Der historische Charakter, die tragische Stimmung der Dichtung trat aus diesen Darstellungen um so ergreifender entgegen, als für die meisten Rollen sehr tüchtige Darsteller vorhanden waren, jede Rolle aber, bis auf die kleinste, charakteristisch und lebensvoll besetzt werden konnte. Joseph Nesper war ein trefflicher Wallenstein. Er machte den vollen Eindruck der dichterischen Persönlichkeit — eine wirkliche Feldherrnnatur. Octavio Piccolomini, Max, Illo, Isolani, Butler wurden sehr angemessen und wirkungsvoll durch Richard, Gunz, Weiser, Arndt und Teller gespielt. Auch der Questenberg Pückert's war lobenswerth. Die Frauenrollen wurden anfangs von Maria Berg (Herzogin), Christine Christien (Thekla) und Marie Schanzer (Gräfin) zur Darstellung gebracht. Die lebendige Hingabe jedes Einzelnen an seine Aufgabe machte die künstlerische Illusion fast in jeder Scene zu einer vollkommenen. Den Höhepunkt der Piccolomini bildete die Bankettscene des 4. Aktes. Sie gehört zu dem Bedeutendsten, was die Meininger im Zusammenspiel leisten. So oft ich sie sah, war die Wirkung von der unmittelbarsten Gewalt. Carl Weiser als Illo excellirte darin. Wallensteins Tod fand seine Höhepunkte im 3. Akt. Die Piccolomini wurden ganz in der vom Dichter festgestellten Anordnung gegeben; selbst die kleinen Bedientenscenen und das Lied Thekla's sind beibehalten, nur einige Kürzungen der Reden und Gespräche zu Gunsten der Gesammtwirkung für nöthig erachtet worden. In Wallensteins Tod waren, als ich ihn darstellen sah, der 13. und 14. Auftritt des 4. Aktes in Wegfall gekommen; der Akt schloß mit dem Monologe Thekla's. Das gedruckte Scenarium hat jene beiden Auftritte jedoch beibehalten. Im Uebrigen giebt es auch hier nur einzelne Kürzungen der Gespräche und Reden.

Zwischen Darstellung von Wallensteins Lager und der beiden anderen Theile der Trilogie lag das Gastspiel der

Meininger in London, für welches sie Goethe's Iphigenie auf Tauris und P. A. Wolff's Preciosa vorbereitet hatten, wahrscheinlich mit Rücksicht auf die Verehrung, welche Goethe und C. M. v. Weber, der Componist der Preciosa, in England genießen. Iphigenie kam am 18. Juni 1881 durch sie erstmalig im Drurylane-Theater zur Aufführung. Ein großer äußerer Erfolg war trotz der guten Besetzung: Iphigenie (Anna Haverland), Thoas (Nesper), Orest (Ludwig Barnay), Pylades (Wilhelm Arndt), Arkas (Paul Richard) nicht zu erwarten. Orest wurde später von Carl Weiser gegeben. Iphigenie erlebte damals in London nur zwei, im Ganzen aber nur 8 Wiederholungen. Seit dem 24. Mai 1883 ist sie nicht wieder gegeben worden, obschon die Aufführung den Beifall der Kenner erwarb und die Meininger selbst sie als eine vorzügliche schätzten. Ich habe bedauert, die Gelegenheit sie zu sehen nicht gefunden zu haben.

Die Wolff'sche Preciosa folgte am 4. Juli 1881. Da dieses veraltete Stück, dem ein gewisser, aus der ihr zu Grunde liegenden Novelle des Cervantes stammender Reiz zwar nicht abzusprechen ist, sich doch hauptsächlich nur durch die Musik bei uns auf der Bühne erhalten hat, in Bezug auf welche die Meininger doch nicht mit den großen Musikinstituten wetteifern konnten, so ist der Erfolg, den sie gleichwohl damit erreicht haben (es hat 45 Wiederholungen bei ihnen erlebt), ein ganz besonderer Triumph ihrer Darstellungskunst. Gewiß wird dem Auge in diesem Stücke sehr viel geboten, aber mehr Glanz und Pracht, als einige unserer großen Hoftheater darauf verwenden, findet man auch bei den Meiningern nicht. Wie kommt es nun gleichwohl, daß dies Alles bei ihnen einen ganz anderen Eindruck macht, daß alles um so viel glaubwürdiger, lebensvoller, ergreifender bei ihnen erscheint? Es erklärt sich, wie ich glaube, nur daraus, daß bei ihnen Alles, das Größte, wie das Kleinste, nicht um seiner selbst willen da ist, sondern alles nur der gerade vorliegenden Lage und Handlung, sowie ihrer Wirkung in der harmonischsten Weise dient. Ein solches Zusammenwirken muß jeder Scene ihr eigenes und doch nur auf die Wirkung des Ganzen gerichtetes Interesse geben, es kann nie eine Leere entstehen, der Zuschauer wird vielmehr ununterbrochen in Spannung erhalten. Hierzu gehört auch die Selbstlosigkeit, mit welcher selbst noch die ersten Darsteller, falls sie nicht in den größeren Rollen des Stückes beschäftigt sind, sich an dem Massenspiele der Figuranten betheiligen. So sah ich bei einer Vorstellung der Preciosa Adele Lorenz und Marie Schanzer in wirkungsvoller Weise bei dem Feste Don Azevedo's lediglich mit figuriren. Dies alles giebt den Darstellungen einen unsagbaren Reiz. Jeder Moment ist ein Bild, das der Pinsel des Malers kaum schöner und charakteristischer zu gestalten im Stande wäre. Wenn die Gesellschaft Don Azevedo's herab in den magisch beleuchteten Garten steigt, wenn die Zigeuner im wirbelnden Tanze hereinstürmen, so ist der Eindruck durch den entfesselten Farbenzauber geradezu berückend und doch wird er fast noch von dem überboten, welchen das nächtliche Leben und Treiben der Zigeuner im Walde darbietet. Preciosa wurde ursprünglich von Pauline Schweighofer, später von Mathilde Wenzel und Caroline Bartoschek gegeben; der Zigeunerhauptmann anfangs von Josef Nesper, dann von Carl Weiser und Knorr; Don Alonzo früher von Wilhelm Arndt, dann von Alexander Barthel.

In demselben Jahre, am 14. September 1881, wurde im Stadttheater zu Breslau S h a k e s p e a r e ' s B e z ä h m t e W i d e r s p e n s t i g e zum ersten Male in der Bearbeitung von Deinhardstein zur Aufführung gebracht. Sie wurde noch in demselben Jahre abgesetzt, ist jedoch neuerdings wieder aufgenommen worden. Olga Lorenz gab nun die Katharina, Mathilde Wenzel die Bianca, Hilmar Knorr den Petruchio. Da ich selbst das Stück nicht von ihnen zu sehen Gelegenheit hatte, so bleibt mir nur zu erwähnen übrig, daß es bis jetzt 17 Wiederholungen gehabt hat.

Das Jahr 1883 brachte als Novität Fitger's Hexe, welche zum ersten Mal am 22. Mai in Bremen zur Darstellung kam. Wenn auch der atheistische Beigeschmack dieses an dramatischen und theatralischen Wirkungen, besonders in den mittleren Akten, reichen Stückes zu dem ungewöhnlichen Erfolge mit beitrug, so lag doch der Hauptgrund in der vortrefflichen Darstellung, die all seine Vorzüge in's blendendste Licht stellte. Hier glänzten besonders Adele Lorenz als Thalea, Caroline Bartoschek als Almuth, Emil Drach als Edgard, Carl Weiser als Lubbena, Wilhelm Arndt als Xaver. Die dichterischen Höhepunkte des dritten und vierten Aktes waren auch die der Darstellung. Das Stück hat bis jetzt 49 Vorstellungen, in Berlin 13 hintereinander, erlebt.

Das Jahr 1884 brachte die erstmaligen Darstellungen von Maria Stuart, Lydia, Herrgottsschnitzer und Miß Sara Sampson. Das kleine, nach dem Französischen bearbeitete Drama Lydia von F. F. Geusichen kam am 6. Mai 1884 in Mainz zur erstmaligen Aufführung. Die als Wechselgesang bezeichnete Ode des Horaz (III. 9) gab Anregung und Stoff dazu her. Die Einmischung eines Eifersuchtsmotivs hat dem kleinen, im vornehmen Converjationston gehaltenen Stück eine leichte dramatische Bewegung gegeben. Die durch das historische Costüm gehobene Darstellung zeigte wieder so recht die Kunst, selbst dem einfachsten Vorgang charakteristisch malerisches Leben abzugewinnen. Sie wurde von Olga Lorenz, Arndt, Nollet und Teller zu anmuthiger Ausführung gebracht und zählt bis jetzt 22 Wiederholungen.

Der Umstand, daß das Meiningen'sche Theater verschiedene Mitglieder zählte, welche der oberbayrischen Mundart mächtig waren, hatte den Gedanken geweckt, durch die Darstellung des Herrgottschnitzers von Ganghofer und Neuert den Beweis zu erbringen, daß ihr Princip sich selbst auf das Volksstück mit Erfolg anwenden lasse, was übrigens schon durch das Münchener Theater am Gärtnerplatz dargethan worden war. Gerade dies aber mochte außerdem reizen. Das Stück wurde ebenfalls in Mainz am 12. Mai 1884 erstmalig aufgeführt, hat aber bis jetzt nur 11 Wiederholungen gefunden. So überraschend die Leistung auch war, hatten die Münchener ihnen doch den Reiz der Neuheit vorweg genommen, auch besaßen letztere für das Genre noch geeignetere Darsteller.

Maria Stuart von Schiller wurde zum ersten Male am 31. August 1884 am Victoriatheater zu Berlin gegeben. Vielleicht ist in dieser Tragödie von dem Meiningen'schen Hoftheater hie und da ein zu großes Gewicht auf historische Treue gelegt worden. Ob das Ceremoniell beim Empfang eines Gesandten in all seinen Einzelheiten in einer Scene zu beobachten ist, die von einem wesentlich anderen Interesse bewegt wird, ist eine doch wohl hier aufzuwerfende Frage. Immerhin dürfte die Regie dagegen einwenden, daß es sich hierbei doch auch um den ästhetischen Zweck gehandelt habe, den Gegensatz zwischen der hülflosen, armseligen Lage der Maria und der Machtgröße und dem Glanz der englischen Königin in bedeutsamer Weise zu veranschaulichen. Im Uebrigen gehört die Inscenirung dieser Dichtung zu den geistvollsten Leistungen der Meininger. Haupt=

Sache war ihnen auch hier, den Charakter jeder Scene, jeder Situation, ihrer dichterischen Bedeutung gemäß, möglichst lebensvoll und malerisch stimmungsvoll zur Erscheinung zu bringen. Die Decoration der Abschiedsscene soll eine genaue Copie der Wirklichkeit sein. Es läßt sich nicht behaupten, daß dies gegen den Geist und die Absichten Schiller's verstoße. Schiller ist ein idealistischer Dichter; aber er war ein zu großer und ächter dramatischer und zu sehr vom historischen Geiste erfüllter Dichter, um nicht zu fühlen, wie nützlich das Studium der historischen Wirklichkeit selbst noch für die idealistische Darstellung historischer Vorgänge ist. Ueberall finden sich in seinen historischen Dramen Merkmale und Züge davon und es sind diese Züge und Winke, welche die Regie des Meiningen'schen Theaters so geistvoll zu ergreifen und zu benützen versteht, um ihrer Scene das überzeugende Leben zu geben. Maria Stuart wurde von Olga Lorenz, Elisabeth von Marie Schanzer, Leicester von Göbel, Mortimer von Alexander Barthel gespielt und ist bis jetzt 48 Mal wiederholt worden.

Kaum minder wichtig war die bei demselben Gastspiel am 1. Okt. 1882 folgende erstmalige Aufführung der Lessing'schen Miß Sara Sampson, die trotz ihrer vorzüglichen Darstellung bis jetzt aber nur 7 Mal wiederholt worden ist. Die Bevorzugung gerade dieses vor allen anderen Dramen des großen Dichters erklärt sich vielleicht daraus, daß ihm mehr Leidenschaft und ein leuchtenderes dramatisches Colorit als diesen eigen ist. Auch ist mir ihre Darstellung desselben als eine der interessantesten und lehrreichsten erschienen. Auch hier spielt sich die zum Theil etwas veraltete Handlung nur zwischen wenigen Personen und in den einfachsten Verhältnissen, den Zimmern zweier Gasthöfe einer Provinzialstadt, ab. Und doch welches malerische Leben hat die Regie dieser Handlung und ihrer Scene gegeben und in welch bedeutender Weise hierdurch die dramatische Wirkung derselben verstärkt! Die sorgfältige Beobachtung der Zeit, in welcher die Handlung spielt, ist ein weiteres, das Interesse an dieser Darstellung förderndes Moment. Jede Scene führt mit dem ersten Blick aufs Lebendigste in die Zeit, den Ort, die Situation ein. Mit richtigem Gefühl haben die Meininger von den bei dem alten Sampson spielenden Scenen nur die erste beibehalten. Sie haben hier zugleich den Versuch gemacht, die Verwandlung bei offener Scene in sinnvoller Weise zu einem theatralischen Effect zu benützen. Der alte Sampson kommt in

einem Vorzimmer des Gasthofs an, in welchem seine unglück=
liche Tochter mit ihrem Verführer Zuflucht gesucht hat. Er=
müdet schlummert er ein. Die Scene verdunkelt sich, so daß
die Verwandlung sich kaum sichtbar vollzieht. Die wiederan=
brechende Helle zeigt nun das Zimmer Mellefont's, der eben aus
unruhigem Schlafe erwacht. Dieses Zimmer ist ein Bild seiner
Lage, herabgekommen und in Verfall begriffen, wie er. Die
vergilbten Tapeten zeigen Sprünge und Risse und hängen trost=
los von den Wänden herab. Das Zimmer Sara's ist etwas
besser, deutet aber doch auf die bescheidene Stellung des Gast=
hofes hin, den sie zu ihrem Wohnsitz erwählt. Es steht in einem
ergreifenden Gegensatz zu dem glänzenden, im üppigen Rokoko=
geschmack gehaltenen Gemache der Marwood, ein Gegensatz, der
sich nicht minder auf die Kleidung der beiden Nebenbuhlerinnen
und ihre ganze Umgebung erstreckt, und nicht am wenigsten in dem
Contraste des treuen Waitwell und der verwegenen Erscheinung
Hannah's sichtbar wird, die halb das Bild einer Kupplerin, halb
wie das unheilvoll lauernde Verhängniß ihrer Herrin zur Seite
steht oder von der Schwelle des Schlafgemachs jede Bewegung
derselben mit ihrem brennenden Blick überwacht und verfolgt.
Die letzte Scene spielt im Schlafzimmer Sara's, sie sitzt und
stirbt auf einem vor ihrem Himmelbette, dem schweigsamen Zeugen
ihrer Schuld, stehenden Lehnstuhl. Es läßt sich kaum an einem
anderen Stück so überzeugend nachweisen, wie sinnvoll die Mei=
ninger bei der Inscenirung und Ausstattung ihrer Darstellungen
verfahren, welchen bedeutsamen, charakteristischen Stimmungs=
zauber sie hierdurch über jede einzelne Scene verbreiten, wie
alles nur eben der Handlung wegen vorhanden ist und das Spiel
der Handelnden trägt, hebt und ergänzt. Auch in dieser Dar=
stellung reiht sich fast immer ein ausdrucksvolles Bild an das
andere. Den Höhepunkt erreicht sie wohl in den im Zimmer
der Marwood handelnden Scenen, doch auch die Scenen zwischen
dieser und Sara sind von ergreifender Wirkung. Adele Lorenz
spielte die Sara, Marie Schanzer die Marwood, Wilhelm
Arndt Mellefont, die kleine Godeck die Arabella.

Das Jahr 1885 brachte als Novität Schiller's Braut
von Messina. Sie wurde von ihnen am 2. Februar zum ersten
Mal in St. Petersburg gespielt. Die tief tragische Stimmung der
Dichtung, sowie die Feierlichkeit der Chöre mochten den Impuls
zur Aufnahme derselben in das Meiningen'sche Repertoire gegeben

haben. Auffallend ist, daß die Regie sich bei diesem, in doch so einfachen Verhältnissen sich entwickelnden Stücke tiefere Einschnitte als in den meisten anderen Stücken erlaubt hat. Eine nähere Betrachtung aber zeigt, daß es sich hierbei fast nur um den Fortschritt der Handlung verzögernde Stellen handelt. Diese Darstellung hat ihre Erfolge erst noch zu erwarten, sie hat bis jetzt nur an sieben Orten vorgeführt werden können, es allerdings dabei nur auf 11 Wiederholungen gebracht. Die Besetzung der Hauptrollen ist diese: Isabella, Marie Berg; Manuel, Wilhelm Arndt; Cäsar, Alexander Barthel; Beatrice, Maria Wenzel; Cajetan, K. Weiser; Bohemund, I. Nollet. Da ich weder dieses, noch das folgende Stück von dem Meiningen'schen Theater gesehen habe, so enthalte ich mich jeder Bemerkung über die Darstellung beider.

Marino Faliero von Byron in der Bearbeitung A. Fitger's ist die letzte Novität, welche die Gastspiele der Meininger bis zu der plötzlichen Erkrankung des so hoch um dieselben verdienten, nun wieder völlig genesenen und thatkräftigen Hofrath Chronegk im vorigen Jahre darboten. Das Stück wurde am 12. Mai 1886 zum ersten Male in Mainz gegeben und konnte bis jetzt nur 5 Mal aufgeführt werden. Byrons Marino Faliero wurde seiner Zeit auf der Londoner Bühne, doch gegen den Willen des Dichters zur Aufführung gebracht, welcher sich damals von seinen Landsleuten nur einer feindseligen Aufnahme versehen zu dürfen glaubte. Das Stück fiel wirklich auch durch. Wie groß der Antheil, den der Parteigeist an dieser Niederlage gehabt, aber auch sein möchte, so darf doch nicht verkannt werden, daß es der in so vieler Beziehung schätzenswerthen Dichtung doch an eigentlichem dramatischen Gehalte gebricht. Es fehlt ihrem Helden drei Akte lang an einem sichtbaren Gegenspieler. Selbst noch Lioni, welcher im 4. Akt dafür eintritt, hat an der Handlung kein unmittelbares Interesse. Erst im letzten Akt tritt der eigentliche Gegenspieler hervor. Sodann ist Angiolina, die Gattin des Dogen, in welcher Byron wohl die Charaktere der Desdemona und der Portia zu verschmelzen gesucht hat, zwar Ursache des tragischen Conflikts, gewinnt aber für die weitere Entwicklung desselben keine Bedeutung. Gleichwohl fehlt es der Dichtung nicht an solchen Schönheiten, welche für eine Regie, wie die der Meininger, bedeutende Bühnenwirkungen versprachen. Die interessante Oertlichkeit und das malerische Costüm

5

der Handlung, der unheimliche Stimmungsreiz einzelner Situationen, die drastischen Gegensätze der letzten Scene, dies Alles mußte sie anziehen. Man hat den Realismus getadelt, mit welchem die Meininger diese Scene zur Darstellung brachten; jedoch scheinen sie dabei kaum weiter gegangen zu sein, als es der Dichter gewollt und als vor diesem viele bedeutende spanische und englische Dichter gegangen sind. Faliero wird von Max Grube, Lioni von Arndt, Israel Bertuccio von K. Weiser, Benitende von A. Otto, Angiolina von Amanda Lindner gegeben.

Ueberblicken wir das Repertoire der durch 13 Jahre über 30 Städte sich ausbreitenden Gastspiele der Meininger, so finden wir, daß sie vor allem das ernste Drama, das Drama höheren Styls, als das am meisten darniederliegende, wieder zu heben suchten, daß sie dabei aber den Beweis lieferten, wie es nicht nur der auf das Auge wirkende Theil ihrer Darstellungen ist, dem sie ihre großen Erfolge verdanken, obschon sie gerade diesem eine bisher ungeahnt hohe und durchaus künstlerische Ausbildung gegeben haben. Sie zeigten ferner, daß sich mit ihrem Princip gleich glückliche Resultate für das einfache bürgerliche, wie für das große romantische oder historische Drama, für das Lustspiel und das Volksstück, wie für die Tragödie erzielen lassen. Obschon sie das ältere classische Drama entschieden bevorzugt, haben sie doch in einzelnen Fällen aufs überzeugendste dargethan, daß auch das neue Drama höheren Styls ganz anderer Wirkungen fähig ist, als die matten Darstellungen der meisten anderen Theater bisher glauben ließen.

Die Wirkungen des Meiningen'schen Hoftheaters.

Daß die Meininger große und überraschende Wirkungen unmittelbar von der Bühne herab ausgeübt haben, ist niemals bestritten worden. Dagegen bezweifelte man, wie ich schon früher berührte, die Anwendbarkeit ihres Princips und ihrer Darstellungsweise auf andre Theater oder bemäkelte doch den Einfluß, welchen sie ja etwa auf diese ausüben könnten. Ich gehörte zwar selbst mit zu denen, die darin eine Gefahr sahen, nicht weil ich den Werth ihrer Bestrebungen und Leistungen je irgend bezweifelt hätte, sondern nur, weil ich kein rechtes Vertrauen zu der Anwendung fassen konnte, welche, wie ich fürchtete, die meisten andren Theater von ihrem Beispiele machen würden. Denn die Wirkung, welche ein Gegenstand, eine Erscheinung ausübt, hängt ja noch immer von der Auffassung und von der Natur und dem Wesen desjenigen ab, auf welchen sie wirkt. Und eine große Gefahr, eine große Versuchung zu einer mehr oder weniger äußerlichen Auffassung des in den Darstellungen der Meininger und durch ihr ganzes künstlerisches Verfahren Dargebotenen lag allerdings ziemlich nahe. Auch hing, wie ich schon früher betonte, selbst bei richtiger Erkenntniß, das Gelingen der Ausführung noch ganz von dem Geiste, dem künstlerischen Geschmack und Urtheil, der Phantasie und der Ausdauer der betreffenden Regie oder Bühnenleitung ab.

Jeder große Erfolg, besonders wenn er zugleich ein finanzieller ist, wird aber rasch zu Nachahmungen reizen. Da kommt es nun grade darauf an, worin man den Grund des Erfolges sucht und zu finden glaubt, und hierfür ist wieder entscheidend, welche Seite des Erfolges man vorzugsweise ins Auge faßt. Nur Wenige sahen hier sofort ein, daß der Erfolg wesentlich in der künstlerischen Natur und Bedeutung des Unternehmens lag; erst durch Erfahrung sollte man darüber belehrt werden.

Der erste Einfluß der Meiningen'schen Spiele auf die andren Theater trat in einer Reihe plötzlich auftauchender Gesammtgastspiele hervor. Da aber diese meist wenig oder gar nicht mit ihren Darstellungen wetteiferten, so läßt sich dies nur daraus erklären, daß man der Neuheit der Idee und Erscheinung eines Gesammtgastspiels allein schon eine große Anziehungskraft zutraute oder wohl auch dem künstlerisch abgewogenen und dabei lebensvollen Zusammenspiel die Hauptwirkung des Meiningen'schen Hoftheaters beimaß. Denn diese Gesammtgastspiele pflegten nicht nur fast durchweg ein von dem der Meininger ganz verschiedenes Repertoire, indem sie bald nur das Lustspiel und die Posse, bald nur das moderne Sittenstück oder wohl gar die Operette, zum Gegenstand ihrer Darstellungen machten, sondern sie legten auch durchaus nicht der Angemessenheit und dem Malerischen der scenischen Ausstattung eine so große Bedeutung wie diese bei, da sie ihre Gastspielreisen fast ohne Ausnahme ohne jeden besondren scenischen Apparat unternahmen und sich mit demjenigen begnügten, den sie auf den von ihnen ermietheten Theatern vorfanden und der oft ein recht einfacher, unscheinbarer, ja selbst geschmackloser war. Auch bedurfte es bei den einfacheren Gattungen nur eines geringen oder gar keines Hülfspersonals. Von Massenentfaltung war darin fast niemals die Rede — so daß auch nach dieser Seite ihre Gastspiele keine besondre Schwierigkeit darboten und mit denen der Meininger eigentlich nicht zu vergleichen sind. Einige zeichneten sich aber wirklich durch sorgfältige Besetzung jeder Rolle, selbst noch der kleinsten und ein lebensvolles Zusammenspiel aus. Ob dies dem Einfluß der Meininger zuzuschreiben ist, wage ich nicht zu entscheiden. Im Lustspiel war schon seit lange eine lebensvollere, der Naturwahrheit näher stehende Darstellungsweise üblich gewesen, ein leichterer, natürlicherer Gesprächston angeschlagen worden, worin das bürgerliche Schauspiel und das moderne Sittenstück sich ihm anschlossen. Auch war, wie ich früher schon andeutete, die neue Decorationskunst grade dieser Art von Stücken sehr zeitig zu Gute gekommen. Was aber selbst noch den besten Darstellungen auf diesen Gebieten fehlte, war gleichwohl das Charakteristische, Malerische und Stimmungsvolle der äußeren Situation. Das geistige Band, welches alle Theile einer Darstellung zu einer gemeinsamen, einheitlichen Wirkung verbindet, blieb meist zu vermissen.

Natürlich standen nicht alle jene Gesammtgastspiele auf gleicher Höhe. Auch waren es nur in seltenen Fällen wirkliche Gesammtgastspiele eines bestimmten Theaters. Meist waren nur einige wenige seiner Mitglieder und bisweilen nicht grade die bedeutendsten zusammengetreten, die, um zur Darstellung figurenreicherer Stücke befähigt zu sein, sich mit noch einigen andren, oft untergeordneten Schauspielern zu einer derartigen Unternehmung verbanden. Ein solches Gesammtgastspiel konnte natürlich weder einen vollkommnen Begriff von den Leistungen und dem Darstellungsprincipe desjenigen Theaters geben, welches es scheinbar vertrat, noch überhaupt wahre Mustervorstellungen des Zusammenspiels darbieten.

Immerhin war die ganze Erscheinung dieser Gesammtgastspiele ein Beweis, daß die Einsicht, der Zweck des Theaters könne niemals durch einzelne virtuose Leistungen, sondern nur durch ein wahrhaft künstlerisch geleitetes und beseeltes Zusammenspiel erreicht werden, weil dieser Zweck ja nur in der möglichst lebensvollen, harmonischen Darstellung der dramatischen Dichterwerke besteht, wieder Eingang in das nationale Bewußtsein gewonnen hatte und an Verbreitung zunahm — eine Errungen=

schaft, die vorzugsweise mit eine Folge der Gastspiele der Meininger war, so wie es eines ihrer größten Verdienste ist, wesentlich mit hierzu beigetragen zu haben.

Inzwischen hatten einzelne der größeren deutschen Theater sich aber auch noch in anderer Weise von ihrem Beispiele und Erfolge beeinflussen lassen. Der Bau einiger neuen glänzenden Schauspielhäuser hatte dazu besonderen Anstoß gegeben, noch mehr aber der so hoffnungslos darniederliegende Zustand des ernsten Dramas höheren Styls, insbesondere der classischen Tragödie, mit denen die Meininger ihre großen Siege ja gerade vorzugsweise erkämpften. Nichts scheint in der That bei der Abneigung, welche die übrigen Theater dem Meiningen'schen Darstellungsprincip anfangs entgegenbrachten, die wenigstens theilweise Bekehrung zu demselben mehr erleichtert zu haben, als die Hoffnung, damit dem alten classischen Drama eine neue Anziehungskraft geben zu können. Mit der bloßen malerischen und dabei natur= und geschichtswahren Decoration und scenischen Ausstattung, mit der bloßen treuen und malerischen Schönheit der Costüme war es freilich ebenso wenig gethan, wie mit der bloßen größeren Lebhaftigkeit des Spiels oder mit glänzender, und wohl auch tumultuarischer Massenentfaltung. Hiermit war wohl vorübergehend eine Anziehungskraft auszuüben, aber weder eine dauernde, noch auch die rechte. Man würde dadurch nichts erreicht haben, als einzelne unserer classischen Dramen in Ausstattungsstücke zu verwandeln. Es kam vielmehr darauf an, den Geist jedes darzustellenden dichterischen Werks, den Geist jeder Scene, jeder Rolle und Situation in seiner Eigenthümlichkeit, sowie die schauspielerischen und scenischen Mittel in diesem Geist zu erfassen und bis ins Einzelste mit demselben zu durchdringen. Auch hierzu fehlte es nicht an Versuchen, sogar nicht an einzelnen recht glücklichen Versuchen. Der außerordentliche Erfolg, welchen das Dresdener Hoftheater mit seiner neuen Inscenirung des Schiller'schen Wilhelm Tell errang, hat sicher zu weiterem Streben in dieser Richtung angespornt. Dem Oberregisseur dieses Theaters, Herrn Marcks, gebührt das Verdienst, die Darstellungsweise der Meininger zuerst in bedeutender Weise und mit großem Erfolge auf einem andren Hoftheater in Anwendung gebracht zu haben und nicht nur bei Stücken, für die sie ihm unmittelbare Vorbilder gegeben hatten, wie bei Tell, Fiesco, Käthchen von Heilbronn, Preciosa, sondern auch bei solchen, wo diese Vorbilder fehlten, wie bei Faust, besonders dem zweiten Theile, und bei Egmont. Man würde vielleicht noch größere und stetigere Erfolge erzielt haben, wenn man nicht doch dem von den Meiningern eingeschlagenen Wege im Grunde nur mit Widerstreben gefolgt, wenn man daneben nicht doch seine Unabhängigkeit und Selbstständigkeit geflissentlich zu zeigen bemüht gewesen wäre, was ein tieferes und vollkommeneres Eingehen in das Darstellungsprincip derselben ja nothwendig erschweren, ja verhindern mußte. Oder wie soll ich es anders erklären, daß zwischen den Darstellungen verschiedener Stücke, ja zwischen der Darstellung verschiedener Scenen desselben Stücks, sich hierin zuweilen ein so großer Unterschied zeigt oder daß man in einigen sich enger an die Bühneneinrichtungen der Meininger, d. i. nach ihrem Vorgange an die ursprünglichen Texte der Dichter selbst, in andren nach wie vor an die hier und da widersinnigen Verstümmelungen der späteren Bearbeiter ihrer Dichtungen anschließt? Ich begreife, daß man dem Princip der Meininger, das doch im Wesentlichen nur auf eine künstlerische und dabei möglichst lebensvolle Darstellung der Dichtung mit allen dafür bereit liegenden Mitteln der heutigen Bühne hinausläuft, in der Hauptsache zustimmen kann, ohne ihnen doch in jedem einzelnen Punkte der Ausführung sklavisch folgen zu müssen; allein ich verstehe nicht, wie man dieses Princip wirklich lebendig erfaßt haben könnte, wenn man nach ihrer vollendeten Darstellung von „Was ihr wollt" doch auf die v. Putlitz'sche Bühneneinrichtung dieses Stücks zurückgreift, oder wie in „Romeo und Julia" einer verstümmelten Bearbeitung folgt und einzelne Scenen, wie die Balcon- und die Kirchhofscene, mit einer fast übermäßigen malerischen Pracht ausstattet, andere dagegen mit der größten Nüchternheit ihres eignen malerischen Reizes und Glanzes völlig beraubt. Doch selbst auf den gelungensten Darstellungen, welche auf diesem und andren Theatern im Wettkampf mit den Meiningern stattfinden, liegt eine gewisse Kühle, welche, wie ich schon bei der Besprechung der Preciosa im vorigen Abschnitt bemerken konnte, bewirkt, daß die Darstellungen der letzteren ungleich überzeugender, phantasievoller und ergreifender erscheinen. Der letzte Grund hiervon scheint hauptsächlich in der an jenen Theatern noch immer zu mächtigen Bühnentradition zu liegen, welche es einerseits mit sich bringt, daß sich trotz allem Bemühen, die Bühne wahrhaft lebendig zu machen, hier noch zu viel conventionelles Wesen erhalten hat, und es andrer-

seits erschwert, die schauspielerischen Mittel der Bühne immer
in ganz zweckmäßiger Weise zu verwenden. In der zweckmäßigen
künstlerischen Verwendung der schauspielerischen Mittel, in ihrer
Durchdringung mit dem eigenthümlichen Geiste der Dichtung, in
der Entwickelung der schauspielerischen Kräfte und ihrer Eigen=
thümlichkeit sind die Meininger diesen Theatern eben noch immer
weit überlegen. Gleichwohl ist der Einfluß, welchen sie auf dieselben
schon bis jetzt ausgeübt haben, weder zu bestreiten, noch zu
unterschätzen. Die Darstellung unsres Dramas hohen Styls ist
unter diesem Einfluß auf verschiedenen Bühnen wieder lebens=
voller, anziehender und entschieden malerischer geworden. Natür=
lich, daß die eine Bühne hierin zeitweilig die andere übertrifft.
Nur einem Theater ist es aber bis jetzt nach meiner Erfahrung
völlig gelungen, sich das Princip der Meininger wahrhaft anzu=
eignen und es in eigenthümlicher Art anzuwenden, durchzuführen
und weiter auszubilden. Ich meine das Münchener Theater am
Gärtnerplatz, welches mit seinen Gesammtgastspielen, die es ganz
nach dem Vorbilde der Meininger ausführt, die deutsche Nation
durch seine Leistungen auf dem allerdings engen Gebiete des
oberbaierischen Volksstücks auch nach ihnen noch in Staunen und
Bewunderung gesetzt hat. Das Meiningen'sche Theater kann
mit Stolz und Genugthuung auf diese Leistungen hinblicken, die
ohne sie schwerlich ins Leben getreten sein würden. Kann es doch
kaum einen vollgültigeren Beweis für den Werth und die An=
wendbarkeit seines Darstellungsprincips auf andere Theater und
für die Bedeutung seines künstlerischen Schaffens und Wirkens
geben! Ob das Deutsche Theater in Berlin das von den
Meiningern für das Drama hohen Styls aufgestellte Vorbild
wirklich in dem Maße erreicht hat, als die Berliner Presse zum
Theil behauptet, wage ich bei zu geringer Erfahrung darüber
weder zu bestätigen, noch zu verneinen. Das zur Zeit des
Erscheinens dieser Schrift von dem Herzoglich Meiningen'schen Hoftheater eröffnete neueste Gastspiel in Berlin läßt es aber nach den vorliegenden Berichten im hohen Grade bezweifeln. Die heftigsten
früheren Tadler sind heute zu fast uneingeschränkten Bewunderern
geworden. „Die Meininger — schreibt Karl Frenzel in der
Nationalzeitung darüber — haben am 1. Februar mit einer
Aufführung der Schiller'schen „Jungfrau von Orleans", die nicht
nur in der Pracht der Ausstattung und der Bewältigung der
Massen, sondern grade in ihrer Originalität und Feinheit, allen

Absichten des Dichters Form und Ausdruck zu geben, zu ihren erlesensten Schöpfungen gehört, ihr diesjähriges Gastspiel eröffnet. Mit einem außerordentlichen Erfolge, der sich nur mit ihrem ersten Auftreten, mit dem Enthusiasmus vergleichen läßt, den 1874 ihre Aufführung des Julius Cäsar erweckte. Wie damals die antike Welt, erschließen sie diesmal dem Publikum die mittelalterliche. Es ist nicht das Glänzende und Stylvolle ihrer Zimmereinrichtungen, ihrer Kostüme, das Malerische der Dekorationen, was den Blick und den Sinn des Zuschauers am nachhaltigsten bezaubert, auch ist die Fülle des hier Gebotenen viel zu groß und zu mannigfaltig, um bei einem einmaligen Anschauen voll genossen und gewürdigt werden zu können. Das Fesselnde liegt in dem Einheitlichen, in der scheinbaren Natürlichkeit des Ganzen. Alles erscheint uns so, als könnte es gar nicht anders gewesen sein, als hätte sich die wunderbare Geschichte der Jeanne d'Arc aus Dom Remy in gar keiner andren Umgebung und Form zutragen können, wie in dieser."

Es ergiebt sich sowohl aus diesem Urtheil des hervorragenden Kritikers, als auch aus der glänzenden Aufnahme, welche die Gastspiele aufs Neue seitens des Berliner Publikums gefunden haben, daß, so hervorragend im Allgemeinen auch die Kunstinstitute daselbst sind, die Leistungen der Meininger doch unerreicht dastehen und daß daher ihre zeitweilige Rückkehr in die kunstliebende Reichshauptstadt noch immer ein Bedürfniß für diese ist. Das Trifolium — der Herzog von Meiningen, seine Gemahlin, Freifrau von Heldburg und Hofrath Chronegk — feiert in der „Jungfrau von Orleans" seinen größten und schönsten Triumph. Herrn Hofrath Chronegk wurde am Schlusse der Eröffnungsvorstellung als Symbol dafür ein goldener Lorbeerkranz überreicht.